ダライ・ラマ法王十四世

ロブサン・センゲ首相
（チベット亡命政府主席大臣）

ダライ・ラマ法王14世

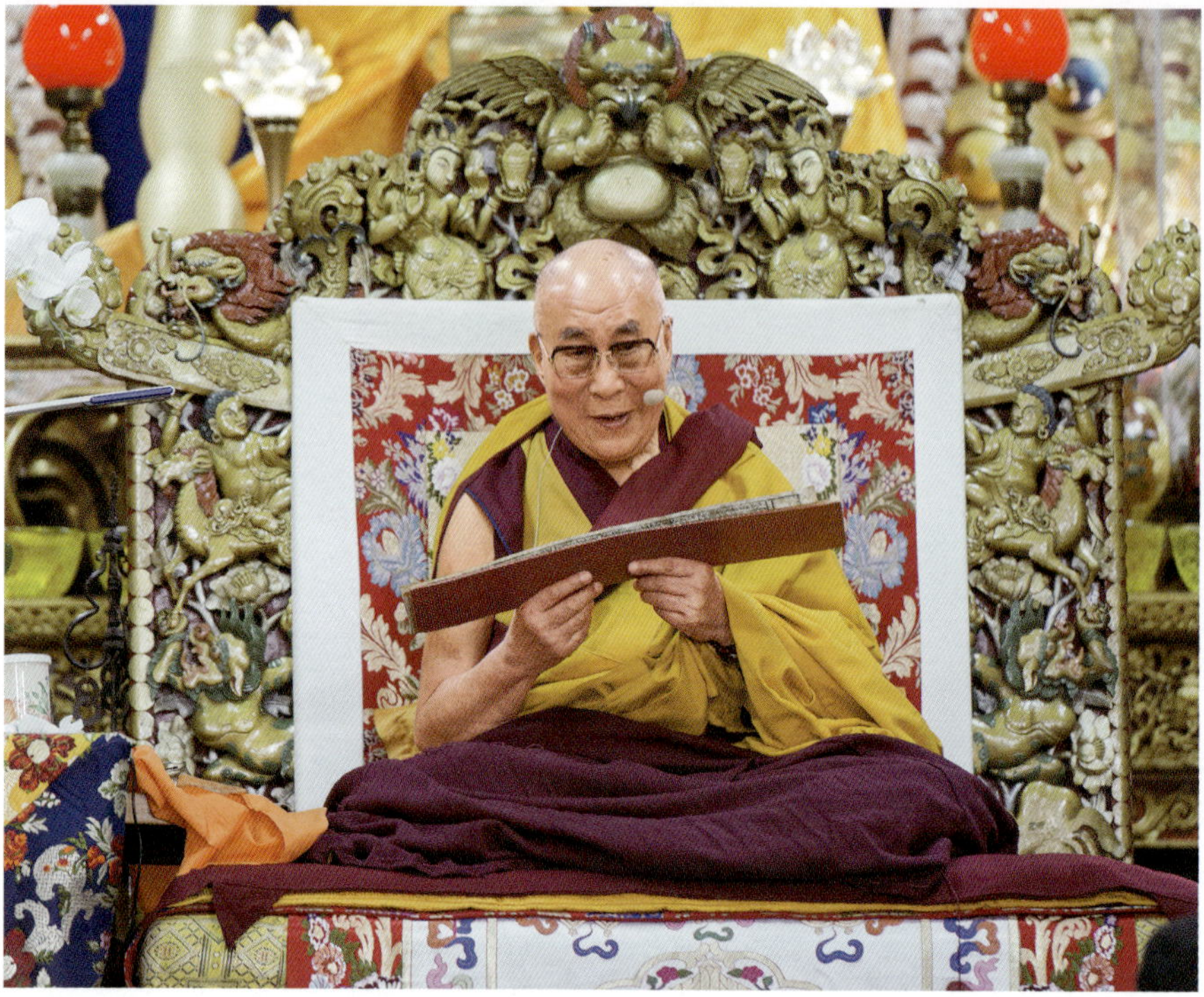

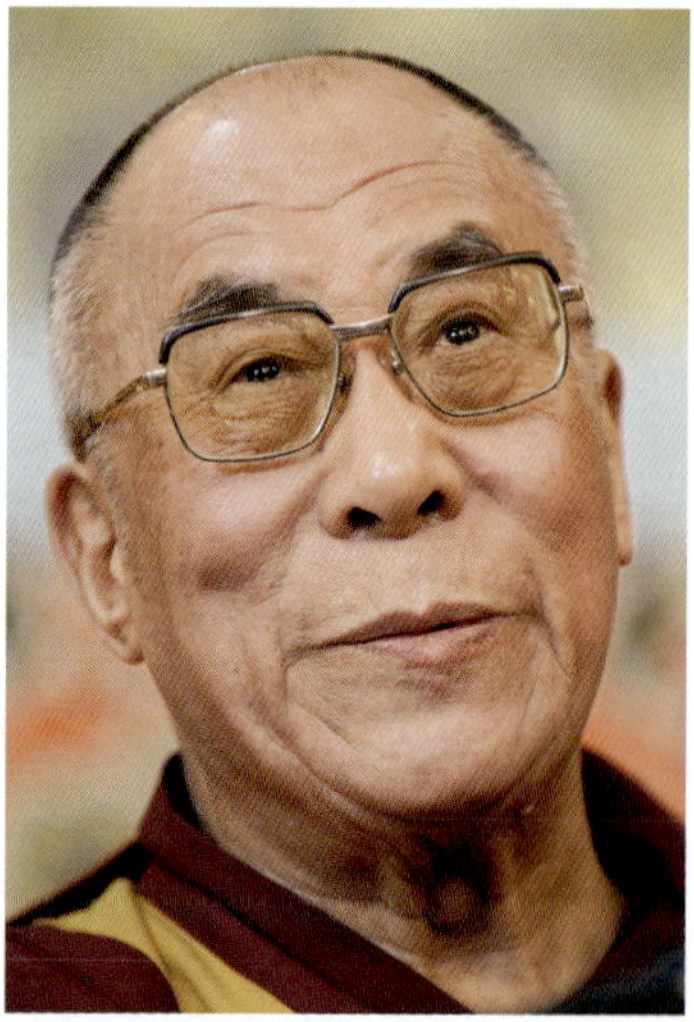

ローマ法王ヨハネ・パウロ2世と（1990）

シーク教聖地ゴールデン・テンプルで、世界の宗教指導者たちと（2007）

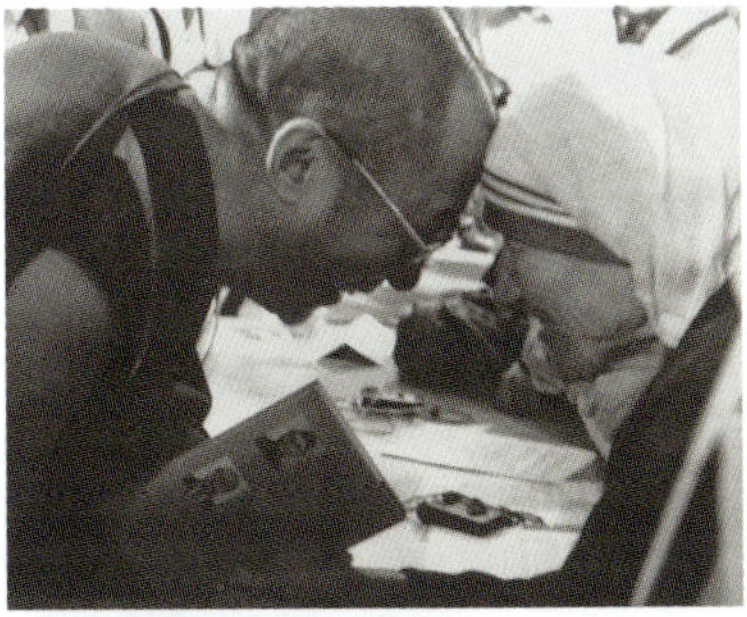
マザー・テレサと（1988）

南アフリカのネルソン・マンデラ大統領と（1996）

イギリスのチャールズ皇太子と（2012）

アメリカのオバマ大統領と（2010）

ノーベル平和賞を受賞（1989）

安倍首相と（2012）

2018年11月19日（月）
麗澤大学（千葉県柏市）にて、特別講演会を開催

麗澤大学より名誉博士号を授与

櫻井よしこ氏、廣池幹堂理事長夫妻と

講演後に記念植樹が行われ、ゲンカイツツジをお手植えされる。
その後、会食の場で揮毫されるダライ・ラマ法王

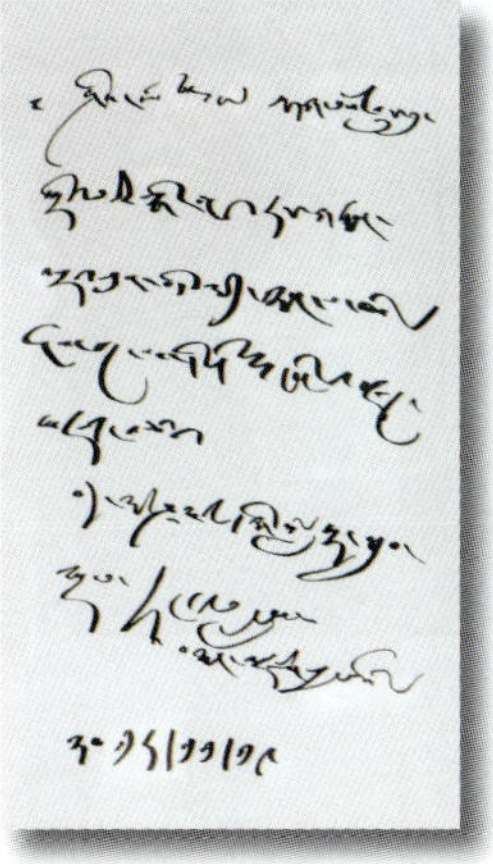

※和訳は40ページに掲載

ロブサン・センゲ首相

2011年、ロブサン・センゲ氏は、ダライ・ラマ法王から
政治的権力を委譲され、選挙により首相(主席大臣)に

安倍首相と (2012)

日本チベット国会議員連盟執行部と (2012)

高須平和賞を授与される
インド・ダラムサラにて(2017)

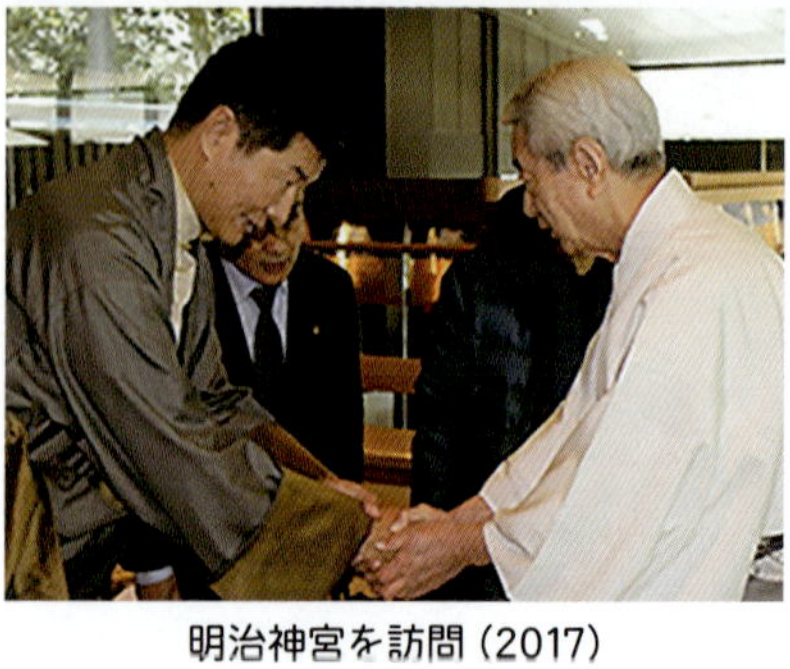

明治神宮を訪問 (2017)

2018年2月18日（日）
モラロジー研究所（千葉県柏市）にて、特別講演会を開催

センゲ首相
直筆のメッセージ

ご家族とともに来日

ダライ・ラマ14世　年表

西暦	略　歴	年齢
1935	7月6日、チベットのアムド地方、タクツェル村に生まれる	0
1939	ダライ・ラマ14世と公式に認定される	3
1940	2月22日、即位式。チベットの精神的指導者の座に正式に就任	4
1949	※中華人民共和国が建国	14
1950	11月17日、チベットの政治的指導者に就任 ※中国がチベット侵攻を開始	15
1951	※「17か条協定」締結、チベット全域が中国の統治下に	16
1954	全国人民代表大会にてチベット民族の代表として常務委員会副委員長に就任	19
1954～1955	7月、中国を訪問し、毛沢東、周恩来、朱徳、鄧小平らと会見	19～20
1956	4月、西蔵自治区準備委員会初代主任委員に選出 11月、インドを訪問し、ネルー首相と会談	21
1959	3月10日、ラサにてチベット人蜂起 17日、ラサを脱出 31日、インドに亡命 4月18日、「17か条協定」を公式に破棄し、チベット亡命政府を樹立	23
1966	※文化大革命	31
1967	亡命後、初外遊。9月25日、日本を訪問	32
1973	9月から11月にかけて、初めてのヨーロッパ諸国歴訪	38
1981	3月、鄧小平に宛てて、チベット問題のより良い解決方法について書面を送る	45
1987	9月21日、アメリカ下院人権問題小委員会において「和平五項目プラン」を発表	52
1988	6月、フランスの欧州議会において、「ストラスブール提案」を発表 ※胡錦涛がチベット自治区書記に	53
1989	12月10日、ノーベル平和賞を受賞 ※天安門事件が勃発	54
1992	大臣の直接選挙や司法部門の設立など、チベットの民主化を推進	57
2001	7月、チベット史上初となる直接民主制による主席大臣選挙が行われる	66
2011	3月14日、チベット亡命政権議会に政治権力の委譲を提案 5月29日、民主的に選挙されたロブサン・センゲ氏に政治的権力を委譲 368年続いたチベットの聖俗両面における指導者としてのダライ・ラマ制度に終止符を打った	75
2018	11月19日、麗澤大学より名誉博士号を受ける	83

今こそ、ダライ・ラマ

～慈悲心は世界平和の源～

まえがき

公益財団法人 モラロジー研究所
学校法人 廣池学園・麗澤大学
理事長 廣池《ひろいけ》 幹堂《もとたか》

二〇一八年、ダライ・ラマ法王十四世ならびにチベット亡命政府の政治最高指導者ロブサン・センゲ首相のお二人を、一年のうちにモラロジー研究所・麗澤大学にお招きすることができました。私どもにとりまして、とても光栄なことでした。

二月十八日、ロブサン・センゲ首相はご家族と共にご来園、「チベットの悲劇と未来」と題して、外からは窺《うかが》い知ることのできないチベットの現状についてご講演をいただきました。その内容はショッキングで、平和に暮らす日本人にとって想像を絶するものでした。

十一月十九日には、広く深い慈悲の心で世界平和を訴えていらっしゃるダライ・ラマ法王十四世がご来園、日本の大学として初となる、公式な名誉博士号を授与させていただき、学生・生徒、モラロジー研究者等千七百名を対象にご法話をいただきました。

お二人の祖国であるチベットは、約二千年間、独立国としての歴史を有し、長い平和の中で独自の言語、文化などを育み、仏教を大切にしてこられました。ところが、一九五〇年、建国間もない中華人民共和国からの侵略を受けました。中国はチベットを五つに分割し、チベットの伝統文化や歴史、信仰や宗教を否定するに留まらず、漢民族との同化政策を強行してチベット人への民族抑圧を行いました。

政治と宗教の中心であるポタラ宮が置かれた首都ラサも、中国の一つの自治区として位置づけられ、人々は中国政府による弾圧と監視に晒《さら》され、外国の報道機関が一切立ち入ることのできない事実上封鎖状態に陥り、チベットの若者による焼身抗議が現在も続いているのが実状です。

代々、チベット国を治めてきたダライ・ラマ法王は、十四世にして一九五九年、チベット人が法王を守るために命を落とすことを避け、さらにはチベット民族およびその文化を継承するため、インドに亡命、ダラムサラに拠点を構え、チベット亡命政府（中央チベット行政府）を樹立。中国の執拗《しつよう》な弾圧に対しても、仏陀《ブッダ》の慈悲心、非暴力・無抵抗によって、民族の存続、維持発展を実現してこられました。

その一貫した平和思想、さらには中国の資源開発による環境危機問題への取り組みなどの功績により、一九八九年にノーベル平和賞を受賞。八十三歳になられた現在も、世界中を回られ、各国の元首はもとより、多くの一般の方々とも対話され、世界人類の平和と幸福を説いて、精力的な活動をされています。

また、二〇一一年、ダライ・ラマ法王が政治的権力を委譲され、民主的選挙によってロブサン・センゲ氏が首相に就任されました。以来、センゲ首相は、チベット問題の平和的・非暴力的解決を望む法王のお考えを尊重されながら、チベットの自治権回復に尽力されています。

お二方のお話、お考え、お教えには、私ども麗澤の教育理念、モラロジーの価値観と実に多くの共通点があります。二十一世紀に生きる私たちは、前世紀に比較して、はるかに大きな知識を得ています。しかし、その知識を得れば得るほど、それに見合った道徳心と慈悲心を養わなければ、世界の平和や人類の幸福をつかむことはできません。

本書をきっかけに、ダライ・ラマ法王、ロブサン・センゲ首相のお考えやチベットの現実を、一人でも多くの人々に知っていただき、平和に生きている私たち一人ひとりに何ができるのかを考える機会となりましたら幸いです。そして、一日も早くチベットの人々が平和を取り戻し、安心して暮らせるようになることを願ってやみません。

平成三十一年三月十日（チベット民族蜂起記念日）

今こそ、ダライ・ラマ
～慈悲心は世界平和の源～

目次

本書は、モラロジー研究所および麗澤大学において行われた講演（ロブサン・センゲ首相、平成三十年二月十八日。ダライ・ラマ法王、同十一月十九日）の内容をもとに、翻訳・編集したものです。

チベット問題——私たちにできることとは

公益財団法人 国家基本問題研究所 理事長
公益財団法人 モラロジー研究所 顧問
櫻井 よしこ

若きチベットの指導者、ロブサン・センゲさんは現在、亡命政府の首相を務めておられます。今回、このセンゲ首相をモラロジー・麗澤大学がお迎えしてくださることを、本当に嬉しく思います。

チベットと日本は文明的に多くを共有しています。さらに言うなら、チベットの価値観と、モラロジー研究所・麗澤大学の価値観は通底しています。もう一歩踏み込んでいえば、日本の私たちが直面している状況や問題、未来展望の可能性は、チベットのそれらと重なるものがあります。日本もチベットも自分達の価値観を守っていくことによって人類に大いに貢献できると思います。けれども、それを阻む勢力があります。お隣の中華人民共和国です。中国がどのような国家戦略、世界戦略を考えているかによって、私たちの未来も否応なく影響を受けます。

中国は去年（二〇一七年）の十月、中国共産党大会を開きました。五年に一度の共産党大会で、習近平国家主席がこれからの数十年間にわたる戦略目標について三時間二十分の演説をしました。チベットを含めた周りの国々や民族については次のように言っています。

「中華人民共和国、中華民族は二〇三五年までにアメリカを追い抜いて世界一の経済大国になる。二〇四九年――中華人民共和国建国から百年目に当たる年ですが――、その時までに最強の軍事強国になる。中国人民解放軍は人類が見たこともないような強い軍隊となっている。その時には中華民族は世界の諸民族の中にそびえ立つ存在となる」

これが今の習近平主席が中国の未来に向けて描く国家戦略なのです。つまり、現在世界で最も大きな経済力と最強の軍事力を誇る米国を、中国は経済、軍事両方で追い抜くと宣言しているのです。習主席の下で中国が何を考え、何を目指しているか、日本人はしっかりわきまえておかなければいけません。チベットの人も同様です。そうしなければ民族の運命が危うくなります。

習主席は演説の中で宗教についても触れています。中国共産党はもともと宗教を信じる政党ではありませんけれども、宗教も受け入れてあげますよ、ただし、二つ条件がある、と習主席は語りました。その条件の第一は、宗教は中国化しなければいけない。第二は、社会主義化しなければいけない、です。宗教が中国化する、社会主義化するとは、どういう意味でしょうか。

日本もそしてチベットも大乗仏教を実践してきました。日本は元来の教えである神道を守ってきましたが、異教の仏教を受け入れた国です。宗教に関してもとても寛容なのが日本です。それを中国化する、社会主義化すると言われても想像することが難しいのですが、私はすぐにチベットのことを思いました。

チベットの方々は、ダライ・ラマ法王さまもロブサン・センゲ首相も含めて中国に酷《ひど》く苦しい目に遭《あ》わされてきました。かつてチベットの歴代ダライ・ラマは、中国の皇帝に仏教を教えていました。ですから地位としてはチベットのほうが上です。少なくとも同等でした。

でも今、中国はこう言います。「中国は偉大なる大きな家族であり、チベットは中国共産党の懐に抱かれる数多くの民族の一つだ」と。いつの間にか中国は立場を逆転させて、自分たちがチベットの上に立ったのです。そのような考え方で、軍事力でチベットの国土を奪ったのです。

チベットとウイグルとモンゴル。この三つの民族がもともと持っていた、それぞれの国土を中国共産党は軍事力で奪い取って、中国の領土としてしまいました。チベットとウイグルとモンゴルの三民族の国土を全部合わせると、現在の中国の国土の約六割にあたります。現在の中国の国土の半分以上はこの三民族のものだった。それを全部取りました。おまけに人口が漢民族のほうが多いものですから、チベット、モンゴル、ウイグルの人たちは、およそ皆、「多民族国家」としての中国の中の民族の一つとして組み込まれてしまいました。

そうした中でチベット仏教の寺院の九〇パーセント以上が破壊されました。ダライ・ラマ法王さま、ロブサン・センゲ首相から直接に伺った話ですが、わずかに残されたチベット仏教のお寺へ行くと、あらこれはどこかしらと思うような状況になっているそうです。本来であればダライ・ラマ法王さまの肖像画や写真がなければいけない。心の支えとなる方の肖像画というのは大事にするものですけれども、そうしたものが一切なくなってしまって、何と大きな毛沢東の写真が飾られている。チベット仏教を学ぶための仏典もほとんどなくなっていて、赤い表紙のついた『毛沢東語録』が並べられている。そしてチベット語を話すことは許されない。子供たちはチベット語を話すことを禁じられて、中国語のほうが得意になり、心は半分、チベット人ではないように教育されます。チベット風の生活をすることにも難儀が伴ってしまう。

ですから現在では、チベット仏教のお寺は完全に観光資源になっているのです。外から見たらチベット仏教の寺院であっても、中に入ると何もかもがすべて違うような状態です。つまりチベット仏教の実態がなくなってしまっています。これをもって習主席は宗教の中国化であるとか社会主義化というふうに言うのではないかと私は思いました。そんなことは金輪際許されてはならないことです。

長きにわたって中国に弾圧されながら、チベット人としての価値観、宗教、文化、言語も含めて守っていきたいと一生懸命頑張っているのがダライ・ラマ法王さまでありロブサン・センゲ首相です。

私たちはチベットに大いに共感できるはずです。同じ仏教の国として価値観を共有しているはずです。多くの国はそのような立場に立ってチベット人がチベット人らしく生きていける環境を作るべく守ってあげなければいけない。チベット民族がチベット民族として存続していける基盤を一緒に築いていかなければならない。それこそが私たちの価値観です。

インド政府は、実際にチベットの方々を一生懸命守ってきました。アメリカは、多少波はありますけれども、大国としての責任を果たすべく、チベットに手を差し伸べてきました。ヨーロッパもそれなりにやってきました。我が日本国も、かなり一生懸命やっています。国会議員の有志が集まってチベット議連という議員連盟を立ち上げました。百名になろうとする政治家がチベット議連の仲間になっています。このように大きな塊として政治家のグループをつくっているのは日本だけです。

その意味では、私たち日本人は議員連盟の存在を誇りに思ってよいのですが、でも、名目だけの支援では充分ではないと思います。そこに日本国として人材や予算をもっとつぎ込んで、チベットの人たちに、「あなた方は決して孤立していません。中国共産党の力がどんなに強くとも、私たちは正しいことのために行動します。一緒に手を携えていきましょう。そのために日本政府としてもしっかりと支えます。日本国民も喜んで支えます」と伝え、実践していかなければいけないと思うのです。

信じられないことがあります。ダライ・ラマ法王さまがたびたび日本や世界中の国々に旅をされて、チベットの問題を訴えていると皆さんはお思いでしょう。私も以前はそのように思っていました。しかし、ダライ・ラマ法王さまがお訪ねすることのできる国々は、本当に限られているのです。アメリカには行けます。イギリスにも行けます。フランスにもドイツにもヨーロッパの先進国にはかなり行けます。けれどもアジアはどうでしょう。朝鮮半島に行ったでしょうか。行っていません。インドネシアに行ったでしょうか。行っていません。ベトナムに行ったでしょうか。行っていません。行っていないのではなく、行くことができないのです。

多くのアジアの国々が法王をお迎えしない、お迎えできない。なぜできないのか。中国から恫喝《どうかつ》され、酷い目に遭わされるからです。場合によっては経済制裁を受けるからです。

しかし、日本にはいつもいらしてくださいます。私たちの国はいつも温かくお迎えしてきました。実は、日本にも圧力がかけられてはいるのです。すぐに中国大使館から抗議がきます。でも皆さん、その抗議は数日で止んでしまいます。例えばロブサン・センゲ首相がお見えになる、日本政府がビザを発行する。すると来日の前日と当日、翌日ぐらいは、中国は声を大にして文句を言ってきます。しかし、その後は、日本にいくら抗議しても聞き入れない。必ず法王をお迎えし、首相もお迎えする。日本政府を止めることはできない。それが分かってからはもう言わなくなる。

一応アリバイのために三日間ぐらいは文句を言いますけれど、その後は言わない。つまり、このことが示しているのは、強い国でなければ、お迎えすることができないということです。アジアの小さな国々は、中国の前に立つと何にも言えなくなります。しかし、私たちはそのような恫喝に屈してはならないのです。

日本は世界一伝統が長い、歴史の深い国です。その長く深い伝統、歴史の中で、神道、仏教、宗教というものを、心の一番奥の深いところにおいて、自分に恥じない行動や言動をとってきました。その中で日本は全体として穏やかな文明を築いてきました。穏やかではありますけれども、いざという時には雄々しく立ち上がって自らの価値観を守り、国民を守り、国土を守る民族、国家であり続けてきました。

でも基本はとても穏やかです。基本はどの人の命も守るというところにあるはずです。それと同じことがチベット仏教にも言えるのです。アジアの人々の哲学、宗教心が、ダライ・ラマ法王さまから、チベットから発信されています。その素晴らしい存在を、現代日本の私たちも力を出して一緒にお守りするべく進んでいきたいものだと思います。

センゲ首相は今日来日したばかりでいらっしゃいます。先ほど成田空港にお着きになり、直接、皆様方にお話をするために駆けつけてくださいました。一緒に心を集中してお聞きしたいと思います。

チベットの悲劇と未来

チベット亡命政府主席大臣　ロブサン・センゲ

どの国にも起こりうる危機

「コンニチハ。アリガトウゴザイマス」。

これが私の知る限りの日本語です。

今日（二〇一八年二月十八日）は日曜日でございまして、空港に着いて成田空港から直接こちらに参りましたが、ちょっと時間がかかってしまいました。お詫びを申し上げます。

このたびは、いつもお世話になっている国家基本問題研究所の櫻井よしこ先生、このような会を催していただきました麗澤大学、そして廣池幹堂理事長に心より感謝を申し上げます。

麗澤大学は一九三五年に前身が開設をされまして一九五九年には四年制の大学になったと伺っております。そして麗澤大学はモラロジーが建学の精神となっております。道徳あるいは不道徳、正義あるいは不正義を学ばれるのでしょうが、チベットの問題を語るときも道徳が中核となります。しかし、正義でありますとか自由でありますとか、そういったものがチベットでは否定をされております。

実は一九五九年という年は、チベットにとって大変な年であります。私どもはこの年に国家を失いました。そして、ダライ・ラマ法王十四世はチベットから脱出し、二週間かけて移動して、インドに亡命されました。一九五九年三月十七日にチベットを出ましたので、今年の三月十七日に六十年を迎えることになります。チベットを出たことが正しかったか正しくなかったか、道徳的であったか道徳的でなかったかが分かる年であります。

チベットが中国に侵略されて、政治と宗教の指導者であったダライ・ラマ法王十四世がインドに亡命をされたことを、近隣諸国は「チベットの人たちはなんて気の毒なんだ」というように捉えたかと思いますが、実はそれと同じようなことは他の近隣諸国にも起こりうることでございます。チベットで起きたことは皆様の国でも起こりうることだと、私たちは六十年間申し上げてきました。そして六十年間、誰もその主張に耳を傾けてくれませんでした。どうかお気をつけください。

中国を知ろうとすればチベットを知らなければいけない

首相として七年の間に世界各国を回っておりまして申し上げることは、チベットで始まったことは、ひょっとしたら皆様の土地で起こるかもしれないということであります。今になって、例えばインドであるとかヨーロッパ諸国、ノルウェーやベルギーのブリュッセルなど、そういった場所で、〝実は私たちのところでも、同様の問題が、今まさに起きているんだ〟というような話も聞きます。

また、私はオーストラリアに何度か訪問しておりますけれども、最初に行ったころはオーストラリアの人はチベットの状況についてあまり関心がありませんでした。しかし、最近、最後に行ったときには、皆さん非常に関心をもって耳を傾けてくださいました。つまり、チベットで起きたことは、私たちの国でも起きているのだということに気がついたわけです。現在のオーストラリアの与党は、海外からの影響をなるべく抑えようとしております。その目的は、ただ単に中国の影響を抑えることです。今、中国政府がオーストラリアに影響を与えているのは、ただ単に経済的な面にとどまりません。これは教育面しかり精神的にも社会的にも様々な面で影響を与えております。欧米の大学では、教育内容については政治的・思想的聖域と捉えられていますが、オーストラリアのある大学では台湾や天安門など、中国について不利な話題が挙がったときに、数人の教員が解職されてしまいました。オーストラリアの大学では経済的に豊かな中国人学生がたくさん学んでいることが関係しています。教育政策から道徳がどこかへ行ってしまって、経済が優先されているわけです。

五年前にオーストラリアへ訪問しましたときには、首相と会わせてもらえるかどうかが問題になりました。親中派のボブ・カー外務大臣は、会わせようとはしてくれませんでした。ボブ・カー外務大臣は多くの給与をもらって、報酬の高い中国関係のコンサルタントの仕事をされています。

オーストラリアでは、西洋に所属するかあるいはアジアに入るかという議論があります。そうしたわけでアジア、特に中国に主軸をおいております。ところが、現在ではその決断に対して非常に残念に思っているといいます。当初は中国のほうに視点を置いていたわけですけれども、今では中国からの影響をなるべく抑えようと軌道修正しております。オーストラリアは、中国のお金は大事だけれども、もっと大事なのは道徳だろうと気づきはじめたのです。それは、チベットのためではなくてオーストラリアのためなのですが、六十年前はまったく耳を傾けてくださいませんでしたけれども、ようやく今、皆さんが耳を傾けてくださっています。

多くの中国人とお会いし、議論を交わすなどして、私のもとにはかなりの情報が集まってきています。私が中国通になっているものですから、ヨーロッパ諸国を回って話をしますと、皆さんは一生懸命ノートをとります。チベット問題は非常に大事なことです。中国を知ろうとすればチベットを知らなければいけません。フリーダム・ハウス（※米国に本部を置き、民主主義、政治的自由、人権問題の調査を行うＮＧＯ団体）では、国民に自由が保障され、公正な選挙、少数派の権利の保障、報道の自由、適切な法制度がある国家を「自由のある国家」とする指標を出しているのですが、二〇一八年はシリアが最も自由が少ない国であるとしました。実はチベットはシリアに次いで二番目に自由が少ない国であります。

シリアのことは報道されてご存じかもしれませんが、チベットのことはあまりご存じないかもしれません。どうしてでしょうか。それは、中国政府が報道されることを拒んでいるからで、皆さんがチベットについて学ぶことを妨害しているわけです。「国境なき記者団」が、ある声明を発表しました。ジャーナリストにとっては北朝鮮に行くよりもチベットに行くほうが難しいといわれます。日本の方は、北朝鮮に入国するのはいろいろな制限があるということをご存じだと思います。しかし現状は、ジャーナリストが北朝鮮に行くよりもチベットに行くほうが難しいのです。皆さんがチベットのことをご存じないのは、中国政府がチベットに行くジャーナリストに対していろいろな制限を加えているからです。ですから、こうして話をする機会を与えてくれた日本と日本人の方、そして麗澤大学には非常に感謝をしております。私はチベットのお話を多くの方にお伝えしたいのです。

私がこうして日本にやってきて、話をすることは簡単だと思われるかもしれません。しかし、それは実は非常に困難なことなのです。ちょうど一週間前、南アフリカから帰ってきました。南アフリカ・ケープタウンの法律大学院で話をする予定でした。すると「ロブサン・センゲという人間が南アフリカの大学で講義をしたら、中国からの経済的援助を断つ」と中国大使館が言い始めたのです。中国大使館が百人ほどの南アフリカの人たちと中国人を会場に派遣し、講演を阻止しようと大騒ぎをした結果、話はキャンセルになりました。

しかし、法律大学院の方々は、中国からのお金よりも道徳のほうが大切だと学んだことでしょう。私は法律大学院から場所を変えて話をいたしました。話を終えて会場を出ると、三十人ほどの中国人が旗に抗議を書いて私に向かって「恥を知れ！　一つの中国、一つの中国！」というようなことを叫びました。そして、それぞれ持っているカメラを私に向けて写真を撮るんですね。私が逃げ回る姿を撮りたかったのだろうと思います。しかし、私は道徳ということについては活動家であり、兵士でもあります。私は写真を撮られていたので、会場を出ていくときにヴィクトリーサインをしました。いわゆるピースサインです。もちろん私は微笑んでです。撮った写真には、私がピースサインを出してにこやかにしている姿ばかりで、逃げていく写真は一つもありませんでした。だからでしょう、新聞に載ったのは、講堂で抗議デモをしているところだけでした。

中国政府による激しい弾圧

中国政府は、チベットの物語を私が語ることを何としても阻止しようとします。ヤチンガルという寺院があるのですが、六千人いた尼僧が二千人に減らされました。今ここで私が話をしている間にもその数は減っていることでしょう。ラルンガルの寺院では、一万二千人いた僧侶と尼僧が、二〇一六年から二〇一七年にかけて五千人に減らされました。そして三名の尼僧が自殺をいたしました。チベットでは、僧侶と尼僧は、日常生活、世俗の生活を捨てて出家いたします。そして清らかな生活をするわけですが、そうした生活が完全に破壊されたわけです。中国軍は僧院の破壊を日中に誰をはばかることなく行いました。今までに百五十一名のチベット人が中国当局に対する抗議のため焼身自殺を行っています。自分で自分の身体を焼くということは、非常に苦痛を伴います。チベット仏教において最もしてはいけないことは、自分を殺すことです。どうして百五十一名のチベットの人が焼身自殺をしなければいけなかったのでしょうか。あまりにも中国政府の弾圧、抑圧が厳しく激しいために、仕方なくその選択をしたのです。

劉暁波《りゅうぎょうは》さんは、中国人で初めてノーベル平和賞を受賞した作家です。彼は十一年もの間、禁錮刑を申し付けられました。中国で民主主義を広めようとして、そしてチベットで自由を広めようとしたからです。監獄から出てきた時は癌《がん》に罹《かか》っており、終末ステージレベルにありました。ドイツの医師が「ドイツで治療したい」ということを申し出ましたけれども、中国政府はそれを拒みました。それで亡くなったわけです。このノーベル平和賞を受賞した人に対する酷い扱いを見てみても、中国政府がチベットの一般の人々をどのように扱っているかということがお分かりいただけるかと思います。

チベットの人が街角に出て抗議デモをすると、逮捕されて幽閉されて拷問を受けます。そして、たとえ出てきたとしても身体は不自由になって思うように動かなくなる。何年も何年も監獄でそういうつらい目に遭うことを考えれば、自分の身体に火をつけて、一瞬にして命を絶ったほうがいかに楽でしょうか。チベット亡命政府は焼身自殺による抗議行動をやめるように抑制をしております。生命は大切であって死ぬよりも生きて目的のために戦ったほうがよいということを伝えています。にもかかわらず昨年（二〇一七年）は六人から七人が焼身自殺による抗議行動で亡くなっています。これが現在のチベットの現状なのです。

中国に広がる仏教の力

チベットの痛ましい話を聞くのは少々お疲れになったかと思いますので、明るく励ますような話をお伝えします。もっとも、この話も非常に暗い話から始まるのですけれども。

中国軍がチベットを占領した後、九八パーセントのお寺、僧院と尼僧院が破壊され、九九・九パーセントの僧侶と尼僧が職を追われています。チベットの占領以降、なんらかの形でおよそ百万人の方が命を失っています。九八パーセントの僧院が破壊されたわけですから、二パーセントの寺院しか残っていないわけです。六十年前にダライ・ラマ法王がインドに亡命をいたしました。その時にいくつかのプランをつくりました。

プランの一つは、亡命政府の中で仏教を復活させるということであります。九八パーセントの寺院が破壊されたわけですけれど、そうした寺院が亡命政府の中で復活し、再建されました。ヒマラヤ山脈にはいくつかの国に接しておりますが、ヒマラヤベルト地帯の国々の仏教も復活をいたしました。ヒマラヤの仏教徒の方々が、チベットの仏教を再生させるために力を尽くされています。そして学者たちが世界中を回って、いろいろなところにチベット仏教センターをつくりました。

仏教は今、チベットで復活をしております。チベットで破壊されたすべての寺院は再建されつつあります。中国政府は弾圧を続けて寺院を破壊しますけれども、プライベートなレベルで僧たちが仏教を復活をさせています。残った二パーセントの仏教僧たちは、ダライ・ラマ法王のもとでそういった活動をしております。

現在、中国には三億から四億の仏教徒がおります。結果的に世界で最も仏教徒の数が多い国になりました。毛沢東はチベットにある仏教を破壊したのに、今、仏教は中国で栄えている。これがチベット人の回復力あるいは不屈の精神です。二パーセントしか僧侶が残されていなくとも、二パーセントもチャンスがあると考えて、それをとにかく活かすということです。このような物語は枚挙にいとまがありません。たとえば教育であるとか、宗教であるとか、あるいは政治であるとか、非暴力的な方法を使ってゼロのところからどんどん盛り返してきております。ダライ・ラマ法王と毛沢東とは、今、競争しておりますけれども、宗教に関してはダライ・ラマ法王が勝っているといえるでしょう。

チベットの人たちは人生をかけて、悲願に向けて戦っております。中国政府が、私に対してあるいはチベット人に対してどのようなことをしようとも、私たちは真っすぐ進むつもりです。

本日は、私に話をさせていただき、あらためてお礼を申し上げます。

特別講演会を終えて

廣池　幹堂（モラロジー研究所　理事長）

みなさんいかがだったでしょうか。今まで日常であまり聞いたことのないお話だったかと思います。

六千人以上のチベット人がインドのダラムサラで暮らしています。インド政府はできる限りチベットを支援し、多額の国家予算をかけて宗教施設や学校などを建設しています。こうしたことを行っているのはインドだけです。他の国々も何ができるか考えていく必要があるでしょう。我々もできる限り経済的なことも含めて支援を行っていきたいと、思いを新たにいたしました。本日は貴重なご講演をいただき、まことにありがとうございました。

ロブサン・センゲ首相

本日、ここを訪れさせていただいて皆さんの非常に豊かな道徳意識に目がいきました。というのもキャンパスに車で入りましたら、皆さんが日本とチベットの国旗を振って歓迎してくださいました。チベットにも国旗がございますが、チベット国内では使用を禁止されております。もしもチベットの国旗を振ったりしますと、投獄されてしまいます。

チベット国旗（※44ページ参照）には、黄色の太陽があり、光が放射線状に出ています。この意匠は仏教が世界に広まるという意味です。この太陽は、仏教が世界に広まり、平和が人類のもとに訪れることを願っています。その希望が実現するようにという、非常に平和を訴えている国旗なのですけれども、チベットでは禁止されています。

日本に来ますと、櫻井先生がしっかり私どもをサポートしてくださいます。五、六年前でしょうか、来日したときには、チベットのことを本に書いて広く現状を伝えていただいております。そうした支援をいただいている限り、私は何度でも日本にやって参りたいと思います。

二〇一二年四月に来日した際、安倍晋三首相とお会いし、意見交換を行いました。また日本には「チベット問題を考える議員連盟」という、世界で最も大きなグループがあります。櫻井先生がおっしゃいましたけれども、誰がチベットを支持してくれるのか。日本が支持すべきだということでした。北朝鮮のことや南シナ海等のことがございます。そのような出来事が各地で起きておりますけれども、世界の人々は対岸の火事として考え、自分たちには関係がないと思っています。

インドと中国(チベット自治区)の国境にドクラムという土地があります。そこはインドとブータンがブータン領だと主張し，中国は中国領だと主張している場所です。昨年、中国が千六百名の兵士を送り込みました。インドのシッキム州とブータンの間の非常に大切なところを占領するために中国軍が南下してきたわけです。東シナ海にも出ていっているのだから、ドクラムも占領できるだろうと中国は考えたのでしょう。七十二日間にわたって中印両軍が睨み合いを続けました。中国軍は、インド軍が続々とやって来るものですから、まさにインドは真剣に受け止めていることに気づいたのです。百五十メートルでしたけれども、撤退することに合意しました。周囲の国々の中で、インドが初めてそういうことを成し遂げました。インドにとって、中国のお金よりも道徳のほうがもっと重要だということです。中国とはビジネスをしますけれども、だからといってインドにナイフを突きつけるような立地にあるドクラムを支配することはできませんと表明して、押し返したわけです。

インドにも講演に招かれます。その時には「チベット問題で妥協したならば、この六十年間でチベットに起こったことが、あなたの身にも起こるのですよ」と言い続けてきました。実際にドクラムで問題が起きたので、インドは目覚めたということです。ドクラムもそうですし、ネパールでも同じようなことが起きています。チベットをはじめ東シナ海など、中国はいろいろなところに触手を伸ばしています。ダライ・ラマ法王は三度、南アフリカからビザの発行を拒否されました。南アフリカからは、チベットの話はしてくれるなと言われました。中国政府が影響を与えて、コントロールしているわけです。

最後に、チベット問題の解決策について話をさせていただきたいと思います。それは中道政策（※77ページ参照）です。アメリカ政府は中道政策と一つの中国政策を支持しています。日本はアメリカと同じように中道政策と一つの中国政策、その両方を推し進めることができると思います。この二つの政策は、まったく矛盾しません。ここにいらっしゃる皆さん、日本の方々に、ぜひチベットを支援していただければと思います。

センゲ首相よりチベット亡命政府のエンブレムが贈られた

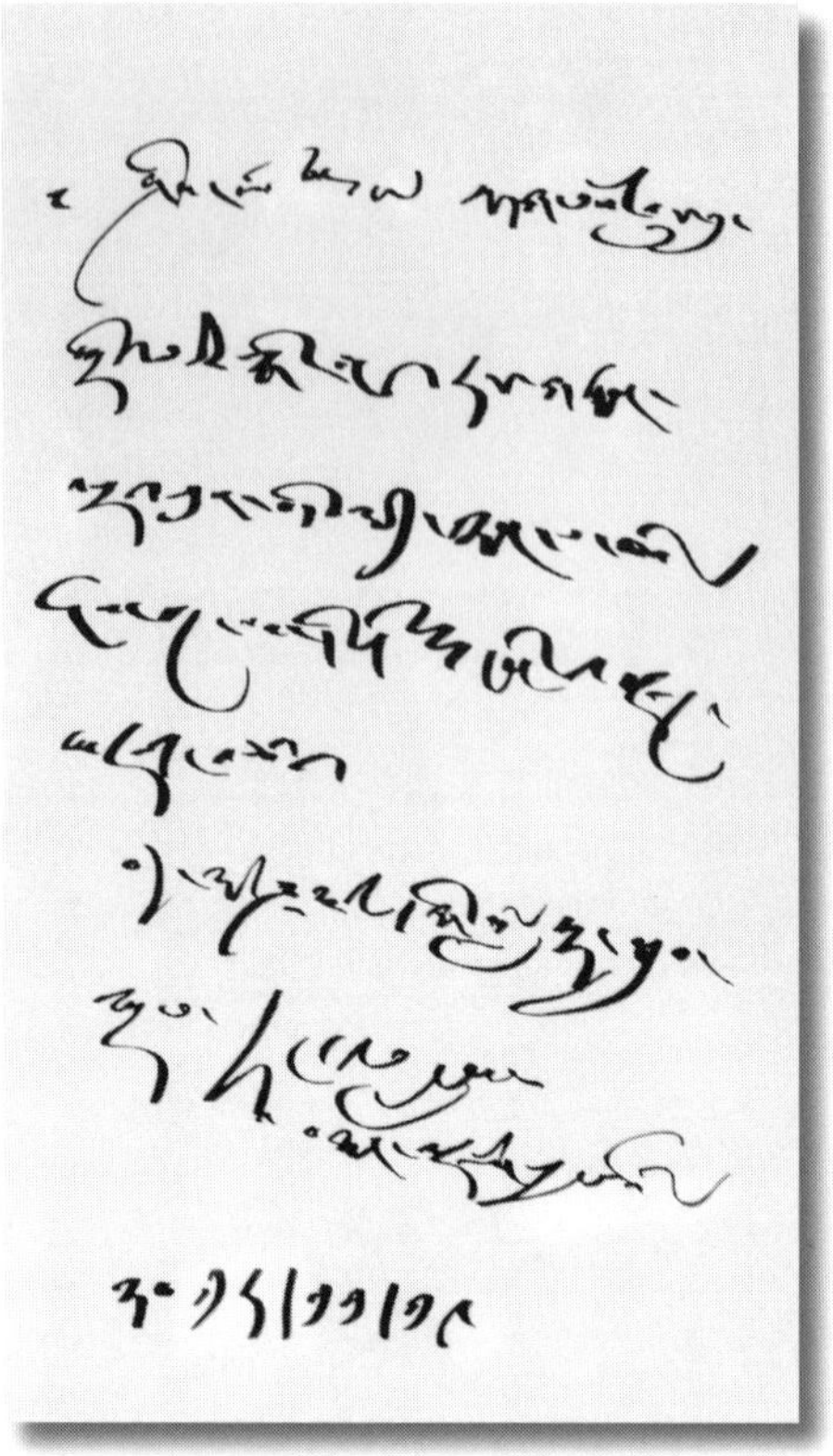

揮毫の和訳

教育と思いやりを礎にして、
自分と他者双方が
永遠に幸福になりますように。

チベット僧侶思想家
ダライ・ラマ(テンジン・ギャツォ)
2018年11月19日

二〇一八年十一月十九日
於：麗澤大学体育館

リラックスした表情のダライ・ラマ法王

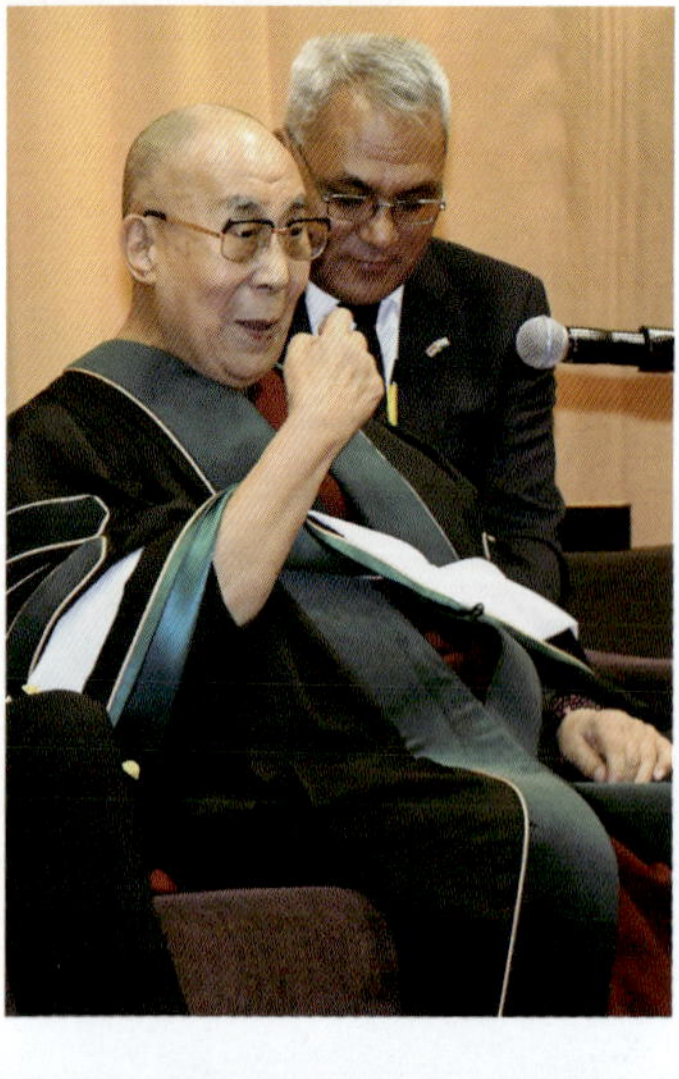

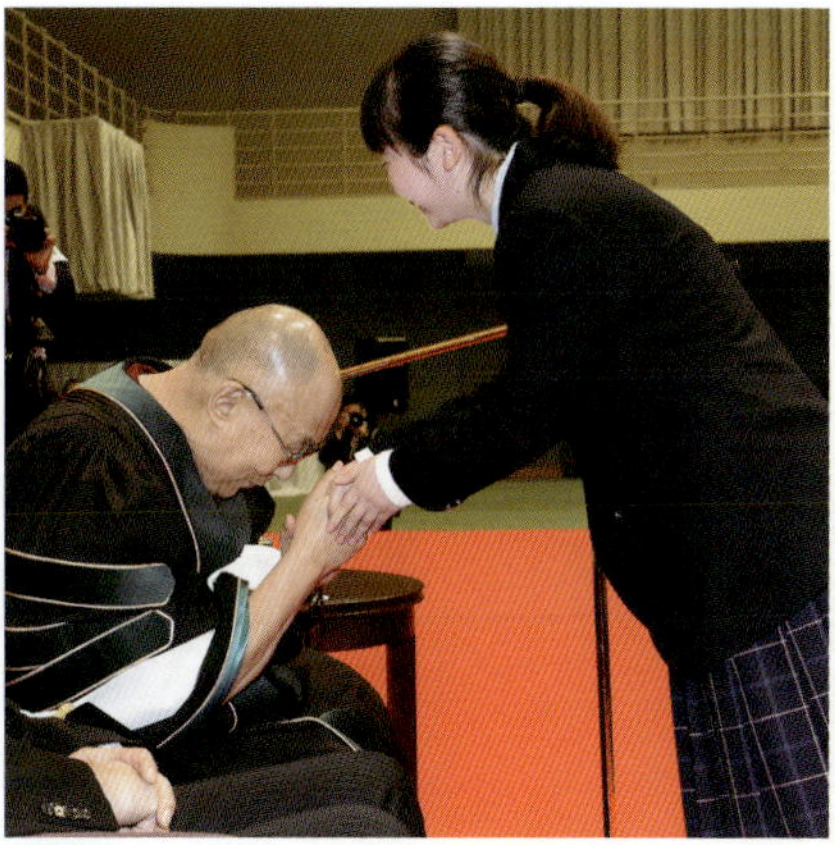

麗澤中学・高校生、大学生の質問を受ける

質問・登壇した学生・生徒たちと

参加者と直接触れ合う法王

国旗デザインの意味

	中央の白い三角形は雪山を表し、「雪山に囲まれた地」として知られるチベットの国を象徴している。 太陽は、チベットの民が自由を平等に享受し、精神的、世俗的な繁栄を手にすることを象徴している。
	６つの赤い光線は、チベット民族６つの氏族。 赤と青の光線が並んでいるのは、チベットの２つの守護神の堅い決意により、国の精神的、世俗的な伝統が護られていることを象徴。ネチュン守護神は赤、シュリ・デビ守護神は青で表される。
	１対のスノー・ライオンの勇ましい姿は、チベットの精神的、および世俗的な方策が完全な勝利をおさめることを象徴している。
	ライオンが支えている３つの輝く宝石は、チベットの民にとって精神的な拠り所となる３つの源に対する尊敬の念を象徴している。 この３つの源とは、ブッダ、その教えである法（ダルマ）、そして僧侶（サンガ）たちを意味する。
	ライオンが持つ、円形で２つの色が塗られているものは、十善業法と十六浄人法による自律を象徴している。
	黄色の縁取りは、仏教がすべての場所で永遠に栄えることを象徴し、縁取りのない一箇所は、仏教以外の教えや思想にもオープンであることを示している。

ダライ・ラマ法王十四世
名誉博士号授与に際して

麗澤大学学長 中山 理《おさむ》

平成三十年十一月十九日、麗澤大学ではダライ・ラマ法王十四世テンジン・ギャツオ氏に対して名誉博士号を授与いたしました。

麗澤大学名誉博士規程には「名誉博士の称号は、本学の建学の精神に則り、学術・文化の向上、国家・社会の発展及び人類の安心・平和・幸福の実現に顕著な貢献をした者に授与する」と明示されております。ダライ・ラマ法王は、まさに本学の名誉博士号授与にふさわしい世界の指導者として、麗澤大学名誉博士選考委員会の選考結果に基づき、満場一致の承認のもと決定いたしました。以下、その理由を説明いたします。

まず、本学の建学の精神は、創立者・廣池千九郎《ちくろう》の打ち立てた総合人間学であるモラロジーに基づいております。モラロジーでは、仏陀を含め、世界諸聖人の実行した道徳と一般に行われている因襲的道徳の内容を比較研究し、その実行の効果を科学的に証明せんとして、普遍性を目指す科学的アプローチが採用されております。そしてそのような道徳の科学的研究を行った廣池の動機と目的は、世界の平和と人類の幸福とを増進することにありました。廣池は、天啓、一般多数人の経験の結果、聖人・偉人または宗教の祖師などの教訓、そして哲学および科学の研究を説明する結果は、みな必ず一致すると述べています（『道徳科学の論文』①、モラロジー研究所）。すなわち廣池の発想の背後には、宗教の教訓も哲学・科学の原理も、おのおの宇宙の真理の一部分が現れたものであるという考え方があるわけです。

このような道徳・倫理、スピリチュアリティ、および科学に対する考え方は、今まで科学と宗教の対話を続けてこられたダライ・ラマ法王の仏教哲学や倫理思想とも大いに共鳴するものがあるのではないでしょうか。法王は、一九八九年のノーベル平和賞受賞記念講演で、次のように述べておられます。

すなわち「宗教や霊性が人間性の考察に果たす役割は大きくなっています。科学と宗教は相反するものではありません。宗教は科学への、科学は宗教への貴重な洞察力を与えてくれます。科学もブッダの教えも、あらゆるものごとは根本的に一つだと説いています。……すべての宗教の目標は同じ、つまり善き人間性を育み、あらゆる人を幸せにしようとするものだと私は考えます」。

廣池も、聖人の一人である仏陀の実行した道徳と科学は根本的に一つだと捉えているわけでございます。

第二に、廣池は、諸聖人の実行した道徳というものがユニバーサルな基準となるとしたわけですが、もちろん信仰の自由を尊重する立場をとり、個人の宗教的信仰を否定したことは決してありません。それどころか、その宗教的信仰に質の高い道徳を入れることにより、さらにその信仰は合理的になり、個人の品性が高まり、その幸福度も増すと述べています（『道徳科学の論文』⑧）。一方、法王も、ご著書『傷ついた日本人へ』（新潮新書 二〇一二年）の中で、自分の心を磨いたり世の中の平和を祈ったりと、宗教には偉大なパワーが宿ることを認めながらも、自分にあった宗教がその人にとっての「最高の宗教」であるとして宗教的信仰の多様性を認めると同時に、無宗教の人には、ユニバーサルな基準として倫理の必要を提唱しておられます。すなわち、道徳・倫理によるユニバーサル・スタンダードの必要性に対する認識も注目すべき共通点です。

第三は教育理念です。本学の教育理念について、初代学長の廣池千英《ちぶさ》は仁愛の精神の必要性を説いています。

すなわち「そもそも教育というものは、仁愛の精神を学生の精神に植えつけますことが最高の理想であると、私は考えております。そこでこの仁愛の精神のうえに現代の科学、知識、技術、

名誉博士号授与式の後、
法王とハグを交わす中山学長

ダライ・ラマ法王の希望で、講演中は隣席に

こういうものを教えてこそ初めて教育の目的を達することができるのであります。知識の乏しい人間の罪悪というものは、たいしたことはございません。しかし、教育の高い、地位の高い人間の害悪は、社会に非常に大きな影響を与えるものでございます。したがいまして、高等教育になればなるほど、高いところの道徳心を植えつけることが大切でございます」。

これはまさに、ダライ・ラマ法王の教育観に合致するものであります。法王も「教育には愛情や慈悲がベースになくてはいけません。もしそうでなく、相手を懲らしめたい、相手を苦しめたいという気持ちがどこかにあるのであれば、あなたには教育する資格はありません」と喝破しておられるのです（『傷ついた日本人へ』）。これは子供の躾について言及されたお言葉ですが、まさに大学の高等教育も含めて、教育の根本原理であると確信しております。

最後に、すでに法王は、平和、非暴力、異なる宗教間の相互理解、人類が抱える世界的な問題に対する普遍的な責任と慈悲心の重要性を訴えるために、世界の五十を超える国々を歴訪され、世界二十三大学からの名誉博士号を含め多くの賞を受賞されています。そして日本国では、公式に名誉博士号を授与する最初の大学が、私どもの麗澤大学ということになりました。前述しました世界の平和と人類の幸福という偉大なる目標、仁愛の精神と慈悲心の必要性、科学と宗教の対話など、いずれも本学の建学の精神に合致するものであり、法王に名誉博士号を授与する機会が訪れましたことは、本学にとりましても、また日本国にとりましても、まことに喜ばしく誇らしい慶事であります。これからは法王と廣池学園およびモラロジー研究所との心の対話も継続していただきたく、法王のご健康と、ますますのご活躍を心より祈念いたします。

慈悲心は世界平和の源
〜日本の高等教育への期待〜

ダライ・ラマ法王十四世

喜びと感謝の心で

私がいつも申し上げているのは、世界の七十億人の人々は皆同じであるということです。もちろん私は一人の仏教徒であり、これは仏教の教えの一部です。一切衆生、すなわち、ありとあらゆる衆生たちの限りない集団は、皆同様に幸福を望み、そして苦難は避けたいと思っているのです。ですから、他の衆生も同じです。いつも申し上げているように、私は自分が一人の人間だと考えています。そこでここから、私の話を始めたいと思います。

まず最初に、尊敬する年配の兄弟姉妹の皆さま、そしてその他の皆さま方、このような名誉博士号を頂きまして、すこぶる光栄に存じます。ありがとうございます。私はそれほど大したこともせずに名誉博士号を頂戴いたしましたので、特別にお礼を申し上げたいと思っております。特別の感謝です。

そして若い方々と交わりますと、本当に何か新鮮な感じを覚えるのです。そのような時間を頂きますと、私自身も若返るように感じます。年配の方々にこのようなことを申し上げるのをお許し願えれば、あなた方が先に逝かれるのか、それとも私が先に逝くのかということを考えることが時々あるわけです。というわけで、このように若い方々、とりわけ日本の若い方々と交わる機会を持てますことを本当にありがたく思っているのです。

怒りが入り込む余地などない

歴史的な視点を二、三申し上げます。皆さんは勤勉な国民です。そして宗教的な視点からしますと、日本は伝統的に仏教国です。でも若い日本人の方々の中には、大部分の方々だと思うのですが、無宗教の人々もいると思います。それはそれでよろしいと思います。一方、仏教の教えに従っている方もいると思います。ですから、ここであなた方と交わることができて、本当に嬉しく思うのです。

私は一人の人間です。毎日、世界各地から飛び込んでくるニュースから、人と人とが殺し合う事件を耳にします。それ以外では、特にイエメンの子供たちのように、食べるものがなくて餓死したり、医療設備が不足したりしていることがあります。アフリカでも同じような状態で、人と人が殺し合いをしているのです。

このようなことを耳にしますと、「いったい何が悪いのだろうか」と問うわけです。私たち人間の本質はもっと慈悲深いものだと科学者たちは言います。明らかに幼少時から、私たちはそのことを知っています。お母さんのお腹から生まれるや否や、母乳も含めて、お母さんから計り知れない愛情が注がれます。このようにして七十億の人間は人生を始め、育っていくのです。それが現実です。さらに重要なこととしては、医学者が言っているのですが、常に怒っているのは健康にとても悪いということです。そのような人間の行動があるにもかかわらず、私たちは社会的動物ですので、それぞれの個人の生存は、自分以外の共同体に依存しています。それが真実です。その真実によれば、怒りが入り込む余地などありません。愛と親切な心が私たちを結びつけるのです。これは非常に重要なことです。怒りは他者を押しのけます。ですから私たちの人間の本質によれば、そして社会的動物としては、怒りは何の役にも立たないのです。そこでこの世界を眺めると、私がまさに申し上げましたように、この苦しみという、とてつもない問題は、人間自身によって生み出されているわけです。今日の世界は暑すぎます《法王は博士式服が暑いという意味でも発言しておられ、ガウンフードを外される》。数多くの苦しみは、私たちが生み出しているわけで、実に悲しいことです。

地球温暖化による自然災害がありますが、それは私たちの力の及ぶものではありません。しかし、それ以外の問題、人と人との殺し合い、世界の国々の貧困地域や国民の貧困層への無関心という問題があります。まず、富裕層と貧困層の間には格差があると思います。北半球はより裕福で、南半球はより貧困です。そして諸国の内部でも、富裕層と貧困層の間には大きな格差があるのです。それは私たちが生み出したものです。ではどうやって生まれたのか。私たちは他者の幸福を完全に無視し、自分が、自分が、自分がと、自分のことだけを考えているからです。そしてここで一番重要なのは、教育制度、いわゆる近代教育と呼ばれるものです。

不幸にも、いわゆる現存の近代教育システムと呼ばれるものは、物質的な諸価値に向けられていて、内面的諸価値について語らないのです。内面的諸価値に関して言えば、近代教育は二百年ほど前にヨーロッパで始まりました。当時は教会が道徳原理を扱っていました。しかしその後、時が経過するにつれ、社会での宗教的影響力は弱まりました。その結果、教育機関だけで、頭脳の発達と温かな思いやりの心の発達の双方に責任を持たねばならなくなったのです。

温かな思いやりの心は、道徳原理の根本です。ですから、今、私たちの教育には、私たちの内面的諸価値の説明が含まれるべきなのです。今日、教育では、身体的衛生が非常に重要であると私は申し上げていますし、表明もしています。しかし私たちには感情の衛生、すなわち、どのように私たちの感情をもっと穏やかにするかということも必要なのです。この点が欠如しています。この点において、私たち仏教徒には、伝統的に感情に関する数多くの情報があり、

私たちの感情と取り組む術も心得ています。その出所が仏典だとしても、私たちは、それを宗教の教科としてではなく、学問的教科として考えるべきなのです。

ここ日本では、そのような知識を仏典から学問的教科として吸収し、論理学、および一般には仏教、特にナーランダの伝統に注目する良い機会に皆さんは恵まれていると思います（ナーランダの僧院は、四二七年、インドのビハール州に建てられた世界最古の大学の一つで、そこで玄奘《げんじょう》も学んだ成果は、大乗仏教として日本に伝わった）。ご存じのように、私たちは信仰よりも理性や究明により重きを置くわけです。それは大変役に立つと思います。私たちは、仏陀自身の教えに対してでさえ、常に疑問を提起します。なぜ仏陀はそのような教えを垂れたのか、と。そしてさらなる究明をするのです。

もし仏陀の教えの中に矛盾が見いだされれば、ナーランダの伝統によって、私たちにはそれを拒否する権利があります。ナーランダの偉大な導師たちは、ナーガルジュナ（インドの大乗仏教を確立した僧、龍樹《りゅうじゅ》〈一五〇年頃〜二五〇年頃〉のように、仏陀自身の教えのいくつかを否定しました。導師たちは説明しているのですが、仏陀は、独特の気質を持った、特別の聴衆を相手に、この教えを垂れようとお考えになっておられたので、私たちは文字通りにそれを受けとることはできないのです。というのも、それは理性に反するからです。仏陀自身も「よいか、私の弟子たち、比丘《びく》、学者たち、信仰や信心から私の教えを受け入れるのではなく、むしろ徹底的に究明すべきだ」とおっしゃっているのです。

もちろん、皆さんは伝統的に仏教、特にナーランダの伝統に従っていますので、このような感情についての知識、心についての知識、そして信仰に基づくのではなく、厳密に世俗的に感情をどう処理するかについての知識を吸収することができます。皆さんがここでできることはそれだと思います。繰り返しますが、まず第一に私たちは人間であると、私はいつも人々に申し上げているのです。

日本の方々は、大抵の場合、形式的なことを好まれ、あまり笑顔を見せてくださいません。しかし私は笑顔が大好きです。ここにいらっしゃる聴衆の皆さま、特に若い方々は、私に笑顔を見せてください。そんなふうではいけません《法王が笑う》。中には眠そうな生徒さんもいますね。いいですよ、すやすやと眠りなさい。しかし、気を付けないと、椅子からころげ落ちるかもしれませんよ。

チベットの知識を守ること

さて、私が人々とお会いするときにいつも心に留めておりますことは、まず第一に私は人間であり、七十億の人間の一人であるということです。そしてこの七十億人の人間が一つであるという感覚が、すこぶる重要だと私は考えます。というのも、まず最初に慈悲の心の礎として、私たちが人間として、あるいは衆生として頼りにするのは、その慈悲の心であり、自分自身の国とか、自分自身の宗教団体ではないということです。ですから私は、七十億の人間が一つであるという感覚を高めようとして、いつもお話をしています。さらに、すでに申し上げましたように、私たち自身が生み出した数多くの問題があります。この問題の大部分は、二次的なレベルである国の違いとか、宗教の違いとか、信仰の違いとかを、あまりにも強調しすぎることから生まれます。ですから、唯一の救済手段は、もっと深遠な方法に従うことであり、それは私たちが同じ人間であるということです。それが私の第一の責務です。

次に私は仏教の僧侶です。私はインドで住んで六十年近くになります。そして宗教的調和は可能だと心から確信しております。インドでは、約三千年から四千年にわたって、異なる宗教的伝統が発達して共に存続し、互いに尊重し合っております。今日では、インドは、主たる宗教的伝統が共存する唯一の国なのです。インドは、十億人以上の人口と多くの問題を抱える大国ですが、それでも宗教的調和が保たれていますので、もし私たちが努力をすれば、宗教的調和は可能だと私は確信しています。これが私の第二の責務です。

さらに第三に、私はチベット人です。チベットと政治的責任に関しましては、私たちはすでに二〇〇一年から選挙による政治上の指導体制を確立しています。その指導層がすべての政治的責任を担いますので、ご存じのように、私は引退しましたが、私たちの政治の指導者は選挙で選ばれるのです。

チベットに関しましては、私の現在の責務は特別でして、チベット高原の環境を大切にするということです。一人の中国人の環境問題研究者は、チベット高原が「第三の極」であると言いました。というのも、地球の温暖化によって、チベット高原は、北極や南極と同じぐらい大きな影響を受けるからです。ですからその研究者は、チベット高原を第三の極と言ったのです。インド、中国、パキスタン、ベトナムを見れば明らかで、これらの国々にはメコン川、黄河、ブラマプトラ川が流れておりますが、多くのアジア諸国を流れる、これらすべての大河の源泉はチベット高原にあるわけです。ですから私たちはその環境を特別に大切にすべきなのです。

次に、私の主たる関心は、チベットの伝統的な知識、主に仏教の知識を守るよう努力することです。今日、完全な形での最高の知識は、チベット仏教の伝統の中でのみ入手できるものであり、他の仏教国、たとえば中国にはありません。ですから、チベットの仏教の知識は世界の宝物だと私は時々申し上げるのです。まず第一に心理学がすこぶる発達し、そして量子物理学のような哲学が発達しました。私のインド人の友人の原子物理学者ですが、西洋では量子物理学は新しいものであるけれども、インドでは、すでに二千六百年も前に、量子物理学の理論が発達していたと、かつて私に話したことがあります。これはまったく本当の話です。

それからナーランダの伝統における論理学ですね。この論理学は、とても正確で明敏なものです。このような教科におきまして、これらのことを正確に述べるにはチベット語が最良の言語だと私は現在気づいております。そこで私のもう一つの責務は、私たちの知識を守るよう努力することであり、その知識は千年以上も前の八世紀まで遡《さかのぼ》るものです。当時のナーランダ僧院の偉大な導師の一人、シャーンタラクシタ（ザホル国の王子に生まれ、ジュニャーナガルバについて出家し、ナーランダ僧院の長老となった。寂護《じゃくご》）は、チベットに招かれました。彼は、ナーランダの伝統によって仏法を導入しました。どの論点へのアプローチも論理的であり、まずは分析を通して行われます。このようなこともあって、私は、この三十年間、ほぼ四十年間にわたり、近代の科学者たちと真剣に論議してきたのです。その結果は、相互に学び合えたことでした。多くの科学者たちは、心や感情やそれに類する事柄についての私たちの知識を非常に高く評価しています。というわけでチベットに関しましては、私の主たる関心は、チベットの知識を守ることにあるのです。

私たちが発展させるべきことは

さて、ここには若い方々、二十一世紀の世代の人々がいますが、この生徒さんたちのような若い世代が、二十一世紀を担っていく方々であると私は考えているわけです。ここにいらっしゃる尊敬されている大学教授の方々は、そして（中山学長を指して）あなたもそうですが、私たちは二十世紀に属する世代だと思います。今や二十一世紀に入り十八年が経過しまして、つまり私たちの時代はすでに終わろうとしています。私たちの時はすでに終わり、二十一世紀を担うべきこの春秋に富んだ若い人たちにこれからのことを託さなければならない時代となっています。二十一世紀というものは十八年が経過しただけであり、まだこれから先があるわけです。これはまったく自然なことです。過去は過去です。どのような力をもってしても、それを変えることはできません。私たちの手にあるのは未来だけです。では、どのような未来なのでしょうか。

皆さんは、二十一世紀の世代であり、これまでの人類の世代の後継者です。皆さんは、もっと平和で幸福な世界を創造することができます。私はいつも申し上げているのですが、二十世紀は暴力の世紀となり、あまりにも暴力が激烈で、日本人の皆さんは原子爆弾を広島と長崎で経験しました。とても悲しいことです。一瞬にして二十万人を超える人々が殺されました。し

かし、二十世紀も後半になると、暴力や戦争に心底うんざりする人々がますます多くなったように思います。彼らはそのことを態度で表明しました。つまり、暴力の危険性が表面化するときはいつでも、自分の意見を表明したのです。イラク危機の時のように、デモをしたわけです。数百万人もの人々が現れ、暴力反対のデモをしたのです。ですから、概して人間はより成熟してきているのです。

今や、二十一世紀の初頭にあって、現実にこの世紀をもっと平和的な世紀へと創造する可能性があるわけです。何らかの異なる利害関係があれば、どのような時でも、話し合いと対話によって、それを解決しなければなりません。二十一世紀は、より平和な世紀であり、対話の世紀であるべきで、武器を使用することがあってはならないと私はいつも申し上げています。ですから、私は日本人の方に希望するのですが、皆さんは原子爆弾を含めて計り知れない苦しみを体験されたわけですので、日本の方々が、私たちから核兵器を廃絶し、一歩一歩、非武装化された世界を構築する主たる責任を担うべきだと思うのです。

ヨーロッパでも、多くの人々が非武装化された世界を希求しています。日本のあなた方もそうだと思います。現在のところ、皆さんの巨大な隣人である中国は同意しないかもしれませんが、世界中でそのような考え方が表明され、努力は着実に始まっています。最終的には、中国も従わなくてはならないでしょう。殺戮《さつりく》、殺戮、戦争は殺戮を意味します。暴力が増えれば、それにまた暴力で対抗し、終わりがありません。ですから戦争は、すなわち武器を使うことは、基本的な人間性に反することなのです。次のこと以外の選択肢はありません。私たちは平和な世界を発展させるべきなのです。

（翻訳：中山　理）

若者との対話

それでは、これ以上、私だけでお話しするよりも、質問を受けたいと思います。相互交流を行いましょう。

（司会：皆さんのすべての質問に答えられるかどうかは分かりませんが、ぜひ高校生、学生の皆さん、最初にいかがですか。

中・高校生がたくさん出てきてくれましたので、最初に中学生の方からどうぞ）

（中学二年生・男子）

Q：日本の好きな食べ物は何ですか。

A：うどんです。そして日本のお米です。

Q：人は生きていくうえで様々な悩みや苦しみに直面します。法王さまはご自分が苦しい時、どのようにその苦しみを乗り越えられますか。

A：私はいつも、距離をとり、より広い見地から、そのような問題を見ようとしています。すると、同じ問題でも、より小さく見えるのです。あまりにも近づきすぎてその問題を見ると、それもたった一つの角度から眺めると、その問題は非常に大きく見え、とても耐えられなくなるのです。距離をとり、より広い見地から眺めれば、その問題から、いくつか役に立つことが浮かび上がってくるかもしれません。すべてのものは相互に連絡し合い、相互に関係し合っています。一つの角度から見ると、耐えられないように見えますが、三次元で見れば、大丈夫なのです。そこで一つの大切な実践的手腕ですが、私たちが問題に直面した時は、その問題を分析してみることです。もしその問題を克服できる可能性があれば、何の心配もする必要がありません。努力をすればよいのです。

もしそれを克服できる可能性がなく、分析をしてそれを克服できる術もなければ、過度に心配しても何の役にも立ちません。私は現在八十四歳ですが、時々、両膝が問題です。幸運にも痛みはまったくありませんが、過度の心配は何の役にも立たないのです。大丈夫。老齢なのです。老齢の弱点なのです。それは自然なことです。過度の心配は無用です。私はそれを受け入れます。そのような感じです。

若い日本人の方で、時々、あまりにも我慢ができない若い人たちを見かけますが、皆さんは年配の方々から忍耐を学ぶべきです。

（高校二年生・男子）

Q：法王さまが生きるうえで大切にされているお考え方は何ですか。また若い世代に伝えたいことはありますか。

A：健康な身体と健全な精神、それが大切です。前にも申し上げましたが、物質主義的な生活と物質主義的な文化には、内面的な心の安らぎが欠如していると思います。ですので、人々は、とりわけ若い方々は、もっと内面的な世界に注意を払い、内面的な安らぎを発展させる方法を見つけるべきです。

（中学三年生・女子）

Q：世界にはまだたくさんの差別がありますが、世界から差別をなくすために私たち若者ができることは何だとお思いですか。

A：それは事実ですね。もちろん、自分の国を愛することは正しいことですが、私たちはもっとバランスをとるべきです。結局、どの国民も七十億の人間の一部なのです。いの一番に重要なことは、七十億の人間が同じであること、あるいは一つであることです。お歳はいくつですか。

……十五歳です。

（高校一年生・女子）

Q：ノーベル賞を受賞されて、その後変わったことはありましたか。

A：何の変化もありません。私がノーベル賞を受賞したと発表があった当時、非常に多くの報道関係者がやってきて、私がどのような気分かと尋ねました。「私は仏教の僧侶で、それ以下でもそれ以上でもありません。ですから何も感じません」と私はお話ししたのです。しかし、ノーベル賞によって、心の安らぎと平和に関し、私なりに小さな貢献をしたことは認められたと考えています。

ですので、本当に驚いたというか、奇妙なことがありました。その後、インドに戻り、デリーに到着したとき、インドの報道機関の方が何人か私に会いに来ました。彼らの最初の質問は、「どのように賞金を使うおつもりですか」でした。すでに使い道ははっきりしていました。賞金の半分ですが、インドにはババ・アムテ（一九一四〜二〇〇八。ハンセン病患者や障害者の自立支援活動で国際的に知られるソーシャルワーカー）が設立した施設がありまして、私は彼を知っています。私はその集団居住地も訪れましたが、ここには病を患う人々、ハンセン病患者がいまして、学びと働くために特別の整備がなされています。

そこの雰囲気は、とても温かい雰囲気で、ハンセン病の患者さんたちは、手を自由自在に使うことができませんが、何かをしたいという熱意には満ち溢れています。私はそのことに非常に印象付けられましたので、賞金の半分をそこに寄付したわけです。残りの半分で、デリーに小さな財団を設立しました。

（中学三年生・女子）

Q：法王さまが一番大切にされているものは何ですか。

A：お腹が空いたときには、食べ物が一番大切です。そして睡眠です。私は普段は朝三時半に起きて、瞑想します。約四時間です。夕方の六時には床に就きまして、普段九時間とか十時間の睡眠をとります。昨夜は十時間ほど眠りました。

（高校一年生・男子）

Q：二つ質問があるのですけれども、一つめは人が生きる意味とは何ですか。

A：それは何百万もの様々な、一部同じような、あるいは異なる生き物が、たとえば動物だとか、鳥だとか、昆虫だとかが、それぞれに進化を通して発達するようなもので、仏教徒の視点からしますと、それぞれに自我の感覚を持っているのです。

そしてまた苦痛と快楽の経験があります。また、誰もが生き延びたいと望んでいます。

ですから、進化が起こるのです。あなたの質問をさらに説明すれば、これは仏教徒の視点であり、仏教徒的な考え方ですが、進化とは、ちょうど科学者たちが述べているようなものであるか、あるいは宗教で教えているように、神が創造し給うものです。ここには複雑なものがあります。そしてさらなる質問として、なぜ神は、このような複雑な人間を創造し給うたのか。どうしてか。

したがって、私がいつも申し上げているように、私たちの人生の目的は、喜びであり、幸福です。そして私たちの未来には何の保証もありませんので、それは希望に基づいているにすぎません。希望とは何か良いものを意味します。ですから私たちの人生は希望次第なのです。したがって私たちの人生の目的は、まさに喜びであるのです。

Q：法王さまがおっしゃったように、誰もが幸せを求めていると思うのですけど、なのになぜ戦争や差別が起きてしまうのでしょうか。

A：それは私たちの心がかき乱されているからです。私たちが現実を正しく理解していないから、そのようなことが起きるのです。

（中学一年生・女子）

Q：つらい時や大変な時、どうしたら法王さまのように心を乱さず冷静に慈悲の心でそれを

受け止められるのですか。

Ａ：すでにお答えしましたけれども、それはその人の精神作用次第で決まるものだと思います。私自身の人生ですが、十六歳の時に自由を失いました。そして二十四歳の時に祖国を失い、チベット国内には数多くの苦難がありました。しかし、私は心の安らぎを維持することができました。まず第一に、私はナーランダの伝統を受け継ぐ学徒の一人だと思います。つまり、私たちの感情に対しどのように対処するかについて、ある種の仏教徒の実践、利他主義、そして「空《くう》」（シューニャター・梵《ぼん》）に対する理解があります。それは実際にナーガルジュナ（龍樹）が述べたことです。というわけで私はそれを実践していますが、とても、とても役に立ちます。

《法王が握手した際、質問した生徒の耳を引っ張る》

オバマさんですが、前アメリカ大統領、そのオバマ前アメリカ大統領ですが、私は非常に親しい友人になりましたけれども、彼の耳もそのようなのです。

ある時、私は「あなたの耳を引っ張ってもいいですか」と尋ねました。彼は「いいですよ」と答えました。

このような感じで私は引っ張ったのです。それ以来、お会いするたびに、このように私は彼の耳を引っ張るのです（法王が笑う）。

（高校一年生・男子）

Q：法王さまについてインターネットで調べさせてもらったのですけど、法王さまは今現在、中国についてはどう思われていますか。

A：チベットは中国と、一千年もの間、七世紀の唐王朝のように、非常に密接な関係にありました。チベットの皇帝は、唐の皇女と結婚しまして、関係は非常に密接でした。またラサ（チベットの古都）にある主な仏像の一つは、西安から来たもので、唐王朝の皇女、文成公主《ぶんせいこうしゅ》（六二三年頃～六八〇年）がもたらしたものです。というわけで非常に良好な関係でした。また私たちは中国文化を称賛しています。さらに誰でも中国の食べ物が好きだと思います。しかしまた時々、争いがありました。

七世紀と八世紀には、何度かチベットが中国に侵攻しました。唐王朝の首都は西安で、チベットの軍隊が首都に到着したので、皇帝自身が首都から逃避したのです。非常に密接な関係にある隣国同士が時々争うということも当然あるわけですが、ほとんどの場合、非常に友好的な関係にありました。そこで現在の中国人の話です。彼らの共産党政府が発足し、毛沢東主席がいたとき、彼はまず台湾を、そして次にチベットを解放することを考えていたのです。しかし、スターリンは、台湾はそう簡単ではないので、まずチベットへ行くように示唆《しさ》したのです。スターリンは毛沢東にそのようにアドバイスしたのです。私はそう聞いております。

いずれにしても中国の強硬派の中には、偏狭な物の考え方をする人々がおりますが、それはまったく愚かなことです。私たちはそれを批判しているわけですが、結局のところ、独立は求めていないのです。つまり、私たちはこの中華人民共和国の中に留まろうとして全面的に取り組んでいるのです。それは相互利益になります。経済的に、私たちは今まで以上に利益を得ます。精神的に、何百万人もの中国人仏教徒と多くのものを共有できるのです。

（大学一年生・男性）

Q：質問が二つございまして、まず最初に法王さまは瞑想の修行についてどのように思われているのでしょうか。

Ａ：瞑想には二つの種類があります。一つは一点集中型瞑想で、私たちはこれをサマタ瞑想と言います。もう一つは、分析的な瞑想で、これをヴィパサナー瞑想と言います。私にとりましては、分析的瞑想のほうがはるかに効果的です。というわけで、四時間ほど、主に分析的な瞑想で、私は苦しみや暴力について分析します。感情面での原因は何か、このような負の人間の行動の原因は何か。

そして諸感情の中にも、正反対の気持ちがあります。たとえば、怒りと愛で、これは正反対です。ですから、愛や親切な心が大きくなれば、怒りは小さくなります。もっとも重要なことですが、怒りや破壊的感情のようなものは、無知に大いに基づいており、近視眼的で偏狭な考え方ですが、それに対し慈悲の心は理性に基づいています。ですから長い目で見れば、慈悲の心のような前向きの感情のほうが、ずっと強い力を備えているのです。ですから毎日、瞑想するわけです。これらのことに慣れ親しみなさい。そうすれば怒りは小さくなります。不安も薄らぎます。このようにして心の安らぎが増すのです。

日本では、多くの仏教徒が、むしろ分析的な瞑想よりも、ある種の一点集中型瞑想を実践されているように思います。九世紀のチベットでさえ、中国の学者、中国の瞑想者、そしてカマラシーラ（インド仏教の瑜伽行中観派《ゆがぎょうちゅうがんは》の僧侶で、チベット仏教の始祖であるシャーンタラクシタ〔寂護〕の弟子）との間で真剣な問答がありました。一点集中型瞑想は、勉強する必要がありません。しかし分析的瞑想を勉強することはとても大切なのです。

ですから、チベットでは、中国の瞑想家とシャーンタラクシタの弟子のカマラシーラとの間で真剣な問答があって以来、一点集中型の瞑想と同時に分析的瞑想をも組み合わせてきたわけです。そのような理由により、私たちは二十年から三十年かけて真摯《しんし》に勉強をするのです

Q：二つ目の質問です。法王さまは慈悲心や愛、あるいは相手を恨まず許すということに気づかれたのはいつごろでしょうか。

A：それは私が十六歳のころだったと思います。時に困難な人生はとても役に立ちます。何の問題もない非常に安易な人生では、考える機会というものが少なくなります。安易な人生とはそのようなものです。それよりも困難な人生のほうがずっと役に立つ時があるのです。二つの可能性がありまして、やる気をなくしてしまうか、あるいはもっと決然として、思考で物事を分析するかのいずれかです。

（翻訳：中山 理）

チベットは誰のもの

中国は、チベットを「自分たちの国の一部だ」と主張していますが、「チベットが中国の一部だった」という歴史的根拠は一つもありません。

チベットの歴史を全否定・歪曲して占有し、「自国の領土だ」と主張しているに過ぎません。

7世紀の中国は唐の時代、チベットはソンツェン・ガンポの時代。西暦763年にチベットは、唐の首都長安《ちょうあん》を占領して、一時的に唐はチベットの朝貢国となり、中国の皇帝の娘を妃として迎えたこともありました。こうした歴史上の事実一つとっても、正反対に置き換えて「チベットは中国の一部である」と主張しているのです。

13世紀のモンゴル帝国の時代、アジアからヨーロッパの東半分をほぼ占領したモンゴルは、中国も完全に征服。何もできない状況が約300年続きました。その時代でも、モンゴル帝国と被征服国たるチベットやヨーロッパの国々との間には国家間の関係が築かれていました。しかし、中国はその歴史も歪曲。「モンゴル帝国は地理的に現在の中国であり、モンゴル帝国の被征服国であったチベットは中国の一部である」と。

14世紀の明の時代、約400年間は、中国とチベットは、お互いに不可侵で平和な関係でした。

清の時代（17～20世紀）には、清の皇帝が、チベット仏教の高僧を自分のグル（宗教的師匠）として迎え、宗教のみならず政治的な面でも皇帝の相談役を務めていました。この歴史的な事実も、中国は都合よく反転し解釈、「チベットは中国の一部だ」と主張しています。

20世紀初頭の1912年、中国は清朝から独立し、国民党の蒋介石が中国を支配、さらに1949年に毛沢東の共産党が国民党を台湾に追いやり中国全土を支配して中華人民共和国を誕生させます。翌1950年、中国人民解放軍がチベットへ侵攻し、今日までの複雑な状況をつくり出しました。

侵略と弾圧

1950年10月7日、中国人民解放軍がチベット東部へ侵略を開始。中国軍4万人に対して、チベット軍は8500人で、翌年、チベットは中国に併合されてしまいます。

人民解放軍は最初、「チベット人を西洋の帝国主義から解放するため」と言い、後には「ダライ・ラマの君臨する封建社会から解放するため」と進軍の正当性を主張。しかし、「西洋から解放」といっても当時のチベットには6人の西欧人しか滞在しておらず、また、「ダライ・ラマから解放」も、チベット人はダライ・ラマを崇めており、チベットの文化そのものであることを考えれば、チベット人にとって解放軍は、ただの侵略軍でしかありませんでした。

1951年、チベットの交渉団は、脅迫と軍事力をちらつかせた中国の恫喝により、5月23日、**「チベットの平和解放に関する17か条協定」**を強引に署名させられました。

しかし締結後、2万人以上の中国軍がチベットの首都ラサに進駐。ラサ市民は住宅と食料の提供を強制され、瞬く間に食糧難と猛烈なインフレに見舞われます。道路建設などに大量のチベット人が無報酬で強制労働をさせられ、数千人の命が奪われました。また、中国共産党はチベットの青少年には、チベットの宗教・文化・習慣を侮辱し、共産党を賛美する教育を強制しました。

ダライ・ラマ法王14世は、同協定で明確にうたわれていたチベットの自治権を確保するための努力を続けましたが、中国側はチベットの実質的支配を強化し、条文を骨抜きに。チベット政府は、中国側に「17か条協定を遵守する意志が無いのであれば、この協定はもはや意味を持たない」と抗議しましたが、中国側はこれを無視。

1954年、ダライ・ラマ法王は北京を訪問し、毛沢東、周恩来、劉少奇《りゅうしょうき》、朱徳《しゅとく》らと会談。一時、中国との協調に一筋の希望を見いだしますが、中国軍は、何千という寺院や町を破壊、仏像や経典も容赦なく略奪。チベットのいたるところで虐殺が行われるという悲劇に直面することになりました。

亡命と占領

1959年2月、中国政府はダライ・ラマ法王を、3月10日に開催される観劇に招待。その際の条件は、「護衛なし」というものでした。法王が拉致されるのではないかという不安が瞬く間にラサ市民の間に広がり、3月10日には、3万人のラサ市民が市の中心部にあるノルブリンカ宮殿に集結、人々は口々に「チベットに独立を、中国人は帰れ」とシュプレヒコールをあげます。**【ダライ・ラマ法王を護るためにチベット人が蜂起したこの 3月10日は、後にチベット亡命政府によって「チベット民族蜂起記念日」に制定】**

法王との接触を断たれた中国軍は、日に日に殺気だち、市民に発砲すると通告してきたため、法王はチベット人と中国軍との衝突を回避すべく、インドへの亡命を決意します。

3月17日、法王は、庶民に変装してノルブリンカ宮殿を脱出し、インドへ亡命。その2日後、中国軍はノルブリンカ宮殿を一斉に砲撃。砲火は41時間におよび、宮殿は蜂の巣のようになって破壊されました。

1959年4月、「民主改革」運動と称して、ありとあらゆるチベット人が摘発の対象となり、多くのチベット人が出頭を命ぜられ、投獄、殺害され、比較的軽い者でも数か月間の洗脳教育を受けさせられました。

1965年の文化大革命の時には、中国はチベットを分割して支配する政策を執り、チベットの一地域のみを「西蔵（チベット）自治区」としました。以後、世界が「チベット」と言う場合は、「チベット自治区」のことだと思い込まされています。自治区以外のチベットは、青海《せいかい》省、四川《しせん》省、甘粛《かんしゅく》省、雲南《うんなん》省の一部とされました。

チベット語も弾圧の対象となり、会話以外では、ありとあらゆる書物、教科書が廃棄され、チベット語で印刷されたものといえば毛沢東語録と共産党の宣伝文書ぐらいになってしまいました。全ての僧侶は「反動分子」として扱われ、罪名を書いた板を首にかけられ、市内を引き回されたうえ惨殺。チベットのありとあらゆるものが破壊されました。

法王の慈悲心

こうした状況下にあっても、ダライ・ラマ法王は一貫して「漢人（漢民族）を恨んではならない」「あなたたちの敵は漢民族ではない、自らの心の中にある怒りである」と、チベット人に仏教徒としてのあり方を説き、武力による抵抗運動を許しませんでした。その一方で、中国政府にはチベット問題を解決するための対話を求め、先進各国の首脳に対しては、チベット問題に関して中国に圧力をかけるよう求め続けています。

武力によってではなく、人々の良心の力によってチベット問題を解決する道を模索し続け、1988年には中国政府と話し合うため、チベットの「独立」要求を「自治」要求まで後退させ、中道のアプローチ（中道政策）を提案しました。

「独立は求めません。チベットの外交と防衛の権限は責任も含めて中国政府にお任せします。しかしその代わりに、それ以外のことは、チベット人に任せてほしい。本当の意味においての自治権を与えてほしい」——ダライ・ラマ法王の主たる考えは、「チベットの民族」と「チベットの文化」そして「チベットの環境」この３つを守りたいということです。

このようなダライ・ラマの高潔な姿勢に対し、良識ある世界の人が共感してフリー・チベット運動が始まりました。そして、1989年には**ノーベル平和賞**の受賞に至りました。

1959年、インドに亡命する途上のダライ・ラマ法王

愛と慈悲心の大切さを説く法王

現在のチベット——深刻な文化・民族破壊

中国共産党の支配は、2000年かけてチベット人が築き上げたものを根本から徹底的に破壊。6000箇所以上あった寺院のうち、免れたのは8箇所だけ。弾圧、虐殺、戦闘などによって120万人のチベット人が命を失いました。実にチベットの人口の5分の1に相当します。

現在も、チベットには外国メディアは立ち入ることができず、数千人が政治犯として収容され、**ダライ・ラマの写真やチベットの国旗を所持しているだけで摘発の対象**となります。

チベットを「開発」するためとして、中国は巨額の資本をチベットに投下。2006年に青蔵《せいぞう》鉄道が開通し、大量の漢民族がチベットに入植。中国的なコンクリート建築、道路には北京路、福建路、解放路などの名称がつけられ、チベット文化は徹底的に破壊されています。

中国共産党は半世紀以上にわたる残虐行為を認めないどころか、「かつてのチベットは5%の僧侶及び貴族、地主が、95%の奴隷を搾取していたが、中国共産党がチベットを平和解放し、チベットに幸福と繁栄をもたらした」などというでっち上げを「歴史」として捏造。さらには「ダライ・ラマ14世は分裂主義者、仏教秩序の破壊者」として、法王の写真を踏ませるなど、**中国共産党のイデオロギー教育**が進められています。

完全に自由は制限され、現代社会では信じ難い植民地的支配に、チベット人の不満は鬱積《うっせき》。2008年北京オリンピックの年に始まった一連のチベット人の蜂起は、このような半世紀にわたる中国共産党からの弾圧を、国際社会に訴えるために、オリンピックを契機に始まったもので、日本でも聖火リレーが通過する長野や多くの地域でフリー・チベット運動が垣間見られました。

ポタラ宮殿前の広場をパレードする中国軍（2008年）

知ってておきたいチベットのこと―6

チベット人はなぜ焼身抗議をするのか

今もなお続いているチベット人の焼身抗議は、2009年2月に始まり、**2018年12月現在、164人**を数えます。

大量の漢民族が入植した結果、チベット人は政治・経済はもとより、社会的な弱者となり、片隅に追いやられてしまいました。国内外のチベット人の全人口600万人に対し、チベットに居住する漢民族は750万人と、数の上でもチベット人を圧倒しています。少しでも影響力のあるチベット人は、昼夜なく抜き打ちで連行され取り調べられ、さまざまな陰謀を突き付けられて逮捕。その結果、チベット国内にいるチベット人は、中国の弾圧のもと、常に怯え、脅され、監視の目に晒されて暮らしています。

チベットは事実上封鎖され、外国の報道機関も立ち入れないチベットにおいて、残された数少ない手段が焼身抗議だったのです。尊い命と引き換えに人々が最期に叫ぶ言葉は**「チベットに自由を！」「ダライ・ラマ法王のチベット帰還を！」**というものです。

チベット民族を、チベット仏教文化を、チベットの言語を……、中国共産党の弾圧から守るため、自らの身体を燈明として、天に、世界に訴えているのです。

焼身抗議で死亡した人たちの写真を横断幕にデモ行進
（写真提供：毎日新聞社）

インド・ダラムサラのチベット寺院に設置された焼身自殺者たちの写真
（写真提供：共同通信社）

参考：チベットハウス・ジャパン Webサイト 他

チベット支援のご案内

チベットへご関心をいただき、ありがとうございます。

皆さまからの温かいご支援をお待ちしております。ご協力をなにとぞお願いいたします。

詳しくは　http://www.tibethouse.jp/support/ にアクセスを

チベットハウス 🔍 で検索

チベット亡命政府への支援

チベット亡命政府を直接ご支援くださる方は、「ブルーブック」制度にてお願いいたします。１口・５００円から。詳しくは、チベットハウスのWebサイトより、チベット支援「ブルーブック・プロジェクト」をご覧ください。

銀行名：ゆうちょ銀行
口座番号：00160-8-566457　　口座名：ダライ・ラマ法王日本代表部事務所
※郵便局備え付けの振込用紙に「ブルーブック」と明記のうえ、ご送金ください。

子供の教育への支援（里親）

里親としてチベット難民の子供の教育をサポートをお願いいたします。

子供１人の学費と生活費は、年間４0,000円です。

里子と連絡を取ることもできますし、会うことも可能です。

詳しくは、下記のダライ・ラマ法王日本代表部事務所までお問い合わせください。

日本代表部事務所への寄付・支援

チベットハウスの会員にご入会ください。ダライ・ラマ法王日本代表部事務所（チベットハウス）の活動や随時行われるイベント等の情報をお届けいたします。

入会の条件などは一切ございません。退会も随時自由にできます。
◆入会金３,０００円、年会費５,０００円
　チベットハウスの運営やチベット支援に役立てております。

銀行名：ゆうちょ銀行
口座番号：00100-1-89768　　口座名：チベットハウス・ジャパン
※ 郵便局備え付けの振込用紙に「チベットハウス入会希望」と明記してください。

任意の金額でのご寄付も随時受け付けております

銀行名：三井住友銀行　新宿支店（支店コード：221）
口座番号：（普通）2520429　口座名：LIAISON OFFICE OF HHDL J OFFICE　代表 LUNGTOK

銀行名：ゆうちょ銀行
口座番号：00100-1-89768　　他行からは　019 支店（普通）0089768
口座名：チベットハウス・ジャパン
※ 領収書が必要な方は、電話、ファックスまたは Eメールにて事務所までお申し付けください。お礼状を添えて送らせていただきます。

ダライ・ラマ法王日本代表部事務所（チベットハウス・ジャパン）
〒160-0031 東京都新宿区西落合３丁目２６－１
TEL: 03-5988-3576　FAX: 03-3565-1360　E-mail : lohhdl@tibethouse.jp
祝祭日を除く月曜～金曜　午前 9 時 30 分～午後 6 時まで

●写真提供：
共同通信社
毎日新聞社
ダライ・ラマ法王庁
ダライ・ラマ法王日本代表部事務所

今こそ、ダライ・ラマ
～慈悲心は世界平和の源～

平成31年4月22日　初版発行

編　者　公益財団法人 モラロジー研究所 広報出版部
発　行　公益財団法人 モラロジー研究所
〒277-8654　千葉県柏市光ヶ丘 2-1-1
TEL. 04-7173-3341（広報出版部）
http://www.moralogy.jp
発　売　学校法人　廣池学園事業部
〒277-8686　千葉県柏市光ヶ丘 2-1-1
TEL. 04-7173-3158
印　刷　横山印刷株式会社

ISBN978-4-89639-266-1

Now Is the Dalai Lama's Time

Love Is the Source of World Peace

On the Occasion of the Investiture of Dr. Tenzin Gyatso, His Holiness the Fourteenth Dalai Lama, as an Honorary Doctor of Reitaku University

Osamu Nakayama, Ph. D.
President, Reitaku University

On the 19th of November, 2018, we gathered at Reitaku University to celebrate the investiture of Dr. Tenzin Gyatso, His Holiness the Fourteenth Dalai Lama, as an honorary doctor of this university.

Our university's regulations on the award of an honorary doctorate state that "honorary doctoral degrees are to be conferred on individuals who have made distinguished contributions to the advancement of learning and culture, to the development of nations and societies, and to the realization of human security, peace and happiness, in accordance with the founding spirit of our university." In pursuance of this statute, His Holiness the Dalai Lama was nominated as a world leader most worthy of our honorary doctoral degree by the nomination committee. We approved this nomination by a unanimous vote and took the decision to confirm the award. Please allow me to explain the reasons for our decision in this matter.

In the first place, I was keenly aware that the founding spirit of our University is based on Moralogy, the science of integrated human studies established by Chikuro Hiroike, the founder of our university. In the process of creating Moralogy, he made a comparative study of supreme morality, as practiced by the world sages, including the Buddha, and the practice of conventional morality by ordinary people. His goal was to prove the effects of such practices by employing a scientific approach that aimed at universality, and thereby to advance world peace and promote the happiness of all human beings. He discovered that there was complete causal accord between divine revelations, the varied experiences of many ordinary people, and the beliefs held by the world sages, the founders of religions and other great individuals. Given these findings, he became convinced that all

religious teachings and all philosophical and scientific principles are partial manifestations of the truth of the universe (cf. Chikuro Hiroike, *Towards Supreme Morality: An Attempt to Establish the New Science of Moralogy,* The Institute of Moralogy, 1st pub. in Japanese in 1928, this English translation in 2002, vol. 1, p.87).

This way of thinking about morality, ethics and spirituality is entirely consonant with Buddhist philosophy and the ethical thought of His Holiness, who has done so much to promote dialogue between science and religion. In his 1989 Nobel Peace Prize Acceptance Speech, His Holiness mentioned how "with the ever-growing impact of science on our lives, religion and spirituality have a greater role to play in reminding us of our humanity. There is no contradiction between the two. Each gives us valuable insights into the other. Both science and the teaching of the Buddha tell us of the fundamental unity of all things ... I believe all religions pursue the same goals, that of cultivating human goodness and bringing happiness to all human beings." Chikuro Hiroike similarly believed in the fundamental complementarity of science and the supreme morality practiced by the Buddha, one of the great sages.

Secondly, I noted that while Chikuro Hiroike proclaimed that the morality practiced by the world sages should become a universal standard, he never denied the significance of the religious faith of individuals. Far from decrying freedom and diversity of belief, he urged us to make our religious faith rational, enhance our individual characters, and increase our sum of happiness by incorporating morality of the high quality into that faith (cf. *Towards Supreme Morality,* vol. 3, pp. 270-71). In similar vein, His Holiness wrote in his book, *Hurt Japanese,* published in 2012, that a religion to our taste is "the best religion" for us. Here he made full allowance for the diversity of religious faith, as well as recognizing that religion has great power to illuminate our souls as we offer our prayers for world peace. In the same work, he also asserted the necessity of ethics as a universal standard for non-religious people. So both Chikuro Hiroike and His Holiness the Dalai Lama share a conspicuous concern for universal standards in morality and ethics.

Thirdly, I considered the matter of educational ideals. At Reitaku, our ideal of education can be summarized in the words of the first president of

our university, Chibusa Hiroike, who asserted that "the supreme ideal of education is to implant the spirit of benevolence in the human mind, and that learning in higher education can only radiate brilliance by implanting this spirit of benevolence in our teaching of contemporary science and knowledge. Generally speaking, the crimes and vices of those who are poor in knowledge are not so harmful in terms of their serious effects. But the evils of those who have undergone higher education or obtained social eminence exert a much greater negative influence on society. Thus the more highly one is educated, the greater is the moral integrity that needs to be implanted in one." This accords completely with the educational ideals of His Holiness. In the work already mentioned, he points out that education must have love and benevolence at its core. Without this, one may be predisposed to punish or torment others in one's heart, and this disqualifies one from teaching others. Although he is specifically referring to the training of children here, I firmly believe that this should be the basic principle at all stages of education, including the tertiary sector.

Lastly, I was conscious of the fact that His Holiness, in his visits to more than 50 countries, has always stressed the importance of peace, non-violence, and mutual understanding between different religions, and has highlighted our universal responsibility to care from the world and address its problems. He is the recipient of many awards, including honorary doctoral degrees from 23 universities across the globe. Here in Japan, though, Reitaku University is privileged to be the first such institution to confer a degree of this kind on His Holiness, publicly. His great concern for world peace and human happiness, his deep understanding of the workings of the spirit of benevolence and love, and his grasp of the need for dialogue between science and religion are all in complete harmony with the founding spirit of our University. These are among the reasons why we are delighted and honored to have this rare opportunity both for our university and Japan to confer an honorary doctoral degree on His Holiness the Dalai Lama. We sincerely hope that it will mark the start of a lasting dialogue between our university and His Holiness, one that will be characterized by an openness of mind to mind, of heart to heart, and of soul to soul. From the depths of our being, we wish him the best of health and continued success in all his endeavors.

A Special Lecture by Dr. Tenzin Gyatso, His Holiness the Fourteenth Dalai Lama on the Occasion of his Investiture as an Honorary Doctor of Reitaku University

Love Is the Source of World Peace —My Expectations for Japanese Higher Education—

On a big chair, just me alone. I feel lonely. So with another person, I feel much happier (He invited Dr. Osamu Nakayama, the president of Reitaku University, to sit beside him on the sofa).

I always emphasize that 7 billion human beings are the same. Of course, I am a Buddhist monk, and this is part of Buddhist teaching. All sentient beings, limitless galaxies of different sorts of sentient beings, all the same, want happiness, do not want suffering. So, other sentient beings. As I always say, I consider I am a human being. So now here I want to start my talk.

Respected elder brothers and elder sisters, and the rest of the brothers and sisters, firstly, I feel it is a great honor to receive this honorary doctorate. Thank you. Special thanks, since it is granted without much work, this honorary degree, so special thanks.

And I really feel something very fresh when I am mixing with young people. At such moments, I feel I also am younger. If may I say this to the old people, sometimes I feel you will go first or I will go first. So, I really very much appreciate this opportunity to mix with young people and particularly young Japanese ones.

A few historical points. You are a hardworking people and, from a religious viewpoint, Japan is traditionally a Buddhist country. These young Japanese, I think most, some may be nonbelievers; that is okay. Some, I think, follow Buddhist teachings. So I feel very happy here mixing with you.

I am a human being. So every day in the news from different parts of the world, we hear of human beings being killed by human beings. And in other

cases, particularly like the children in Yemen, they die of starvation and lack of medical facilities. Also in Africa the same, human beings are killed by human beings.

When we hear these things, we ask, "what's wrong ? " Scientists say our basic human nature is more compassionate. And obviously as young children we know this; as soon as we are born from our mother, we receive tremendous affection from her, including mother's milk. That is the way 7 billion human beings start their lives and grow. So it is. And more importantly, as medical scientists say, constant anger is very bad for our health. Despite that kind of human behavior, being social animals, each individual's survival depends on the rest of the community. That's the reality. So according to that reality, there is no room for anger; love, kindness, bring us together. That is very important. Anger is pushing others. So according to our basic human nature and as a social animal, anger is of no use. Then look at this world, as I just mentioned, this tremendous problem of suffering, which is created by humans themselves. Today's world is too hot. A lot of suffering we have created, so that's very sad.

Natural disasters due to global warming, that's beyond our control. But there are other problems, the killing of human beings by human beings and the neglect of the poorer sections of peoples or countries. Firstly, I think of the gap between rich and poor. The northern world is richer, the southern world poorer. And within countries, there is the huge gap between rich and poor. These are things we have created. How? We completely neglect others' wellbeing, just thinking of oneself, me, me, me, me, me.

And here the most important is the education system, so-called modern education. Unfortunately, the existing, so-called modern, education system is oriented about material values, and does not talk about our inner values. As far as inner values are concerned, modern education started about 200 years ago in Europe. At that time, the church took care of moral principles. But then, as time passed, religious influence in society decreased. So then educational institutions alone must take on both responsibilities, for the development of the brain, and the development of warm heartedness.

Warm heartedness is the basis of moral principles. So today our education should include an explanation of our inner values. These days I say, I express the view, that in education physical hygiene is very important.

But we also need hygiene of the emotions, how to make our emotions more peaceful. That is lacking, and here, we Buddhists, traditionally, we have lots of information about emotion, how to tackle our emotions. Even though this comes from Buddhist literature, we should consider it as an academic subject, not a religious subject.

I think that here in Japan, you have a good opportunity to take some of this knowledge from Buddhist texts as an academic subject and attend to logic and Buddhism in general, particularly the Nalanda tradition. You see, we put more emphasis on reason, on investigation rather than faith. That, I think, is very useful. Always, even with Buddha's own teachings, we raise the question, why did Buddha teach that? Then we investigate further.

If we find some contradiction in Buddhist teaching, then we have right to reject it, according to the Nalanda tradition. The great masters of Nalanda, like Nagarjuna, they rejected some of Buddha's own teaching. They explained that Buddha thought that with a particular sort of audience, with a particular mental disposition, he should teach them this, but we cannot accept that literally because it goes against reason. Buddha himself stated, "Oh, my followers, monks, scholars, should not accept my teaching out of faith, out of devotion, but rather make a thorough investigation."

You, of course, traditionally follow Buddhism and particularly the Nalanda tradition, so therefore we can take some of this knowledge about emotion, about mind, and how to tackle emotion, strictly secularly, not based on faith. That I think you can do here.

Again, I always tell people that firstly we are human beings.

The Japanese are usually very fond of formality and do not smile so much, but I love smiles. So, this audience, particularly the young ones, please show me some smiles. Not like that. (He laughs a lot.) And some students here feel sleepy, okay, sleep peacefully, but be careful, otherwise you may fall.

So now, I always keep in my mind when I meet people, firstly, I am a human being, one of the 7 billion human beings. I consider the sense of oneness of 7 billion human beings is very important because, firstly, as the very basis of compassion, we base ourselves on that compassion, not based on one's own country or one's own religious group, no, as a human being or sentient being. So therefore, I always speak trying to promote the sense of the

oneness of 7 billion human beings. And, furthermore, there are a lot of problems, as I mentioned earlier, of our own creation; most of these problems spring from too much emphasis on the secondary level of differences between nations, religious faiths. So the only remedy is to follow a deeper way, where we are the same human beings. So that' s my number one commitment.

Then I am a Buddhist monk. I have lived in India now for nearly 60 years. I am really convinced that religious harmony is possible. In India, over 3,000-4,000 years, different religious traditions have developed and remained together, with due respect for one another. So now, today, India is the only country where all the world' s major religious traditions live together. So since India, a nation with a population of over a billion and a lot of problems, still has religious harmony, I am convinced religious harmony is possible if we make the effort. So that' s my number two commitment.

And then third, I am Tibetan. So regarding Tibet and our political responsibilities, since 2001, we've already achieved an elected political leadership. Since it carries all the political responsibility, I retired, as you see, and our political leaders are elected.

Regarding Tibet, my present commitment is special, to take care of the environment of the Tibetan Plateau. A Chinese environmentalist has described the Tibetan Plateau as the third pole, because global warming affects the Tibetan Plateau as much as the south and north pole. So he described the Tibetan Plateau as the third pole. So obviously, India, China, Pakistan and Vietnam, these countries, they have the Mekong River, the Yellow River, the Brahmaputra, and all these major rivers flowing through many Asian countries, their original source is in Tibet. So we should take special care of the environment.

Next, my main concern is to try to preserve traditional Tibetan knowledge, mainly Buddhist knowledge. I think today the best knowledge, in its complete form, is only available in the Tibetan Buddhist tradition, not in other Buddhist countries, China for example. So sometimes I describe Tibetan Buddhist knowledge as the treasure of the world. Firstly, psychology was highly developed, then philosophy, like quantum physics. One of my

Indian friends, a nuclear physicist, she once told me, quantum physics in the West is something new, but India, 2,600 years ago, had already developed a theory of quantum physics. It is very true.

Then logic in the Nalanda tradition; this logic is very precise, very sharp. In these subjects, I notice now that the Tibetan language is the best language to precisely describe these things. So another of my commitments is to try to preserve our knowledge, that goes back over 1,000 years to the 8th century. Shantarakshita, one of the leading masters of Nalanda at that time, was invited to Tibet. He introduced Buddhadharma, according to the Nalanda tradition. Every point is approached logically, first through analysis. So for over the last 30 years, nearly 40 years, I have had serious discussions with modern scientists. The result has been mutual learning. Many scientists very much appreciate our knowledge about the mind, about emotion, things like that. So, regarding Tibet, my main concern is to preserve Tibetan knowledge.

So now, here are young people, the generation of the 21st century, and I am describing the generation of the 20th century. Those respected professors, and I think you also (pointing to the president Nakayama), I think, we belong to the generation of the 20th century. So our century is already gone. Now you young people, you are the generation of the 21st century. So now is the 21st century, 18 years have passed, the remainder is yet to come. That is quite natural. The past is the past. No force can change that. Only the future is in our hands. What kind of future?

So you, the generation of the 21st century, you are the heirs of the human generations. You can create a world more peaceful, happier. So I always say that the 20th century became the century of violence, too much violence, and you Japanese experienced the nuclear bomb, Hiroshima and Nagasaki, very sad. Over 200,000 people were killed instantly. But in the later part of 20th century, I think more and more people were really fed up about violence, about war. They expressed this, I mean, they express themselves whenever some danger of violence appeared. They demonstrated like in the Iraq crisis. Many millions of people came out and demonstrated against violence. So human beings generally are becoming more mature.

So now at the beginning of the 21st century, there is a real possibility to create this century as a more peaceful one. Whenever we find some different

interests, then we must solve them through talking, through dialogue. So I usually describe the 21st century as one that should be peaceful and a century of dialogue, not the use of weapons. So I hope the Japanese people, since you suffered immensely, including from the nuclear bomb, the Japanese people I think should carry the main responsibility to free us of nuclear weapons, then gradually to create a demilitarized world.

In Europe also a number of people really want a demilitarized world. You in Japan too, I think. For the time being I think your big neighbor, China, may not agree, but worldwide the idea is being expressed and the work is starting step-by-step. Eventually, China will also have to follow. Killing, killing, war means killing. More violence, counter violence, no end. So war, to use weapons is against basic human nature. So there is no other alternative except this; we should develop a peaceful world.

So now I would prefer some questions, rather than speaking more myself. Let us have some sort of interaction.

〔a 2nd-year male student at Reitaku Junior High School〕

Q : What is your favorite Japanese food?

A : *Udon.* And Japanese rice.

Q : Human beings face various agonies and sufferings in their lives. How does Your Holiness yourself overcome such suffering at crucial times?

A : I always try to look on such problems from a distance and from a wider perspective. Then the problem appears smaller. If you look at the problem too closely, from just one angle, then it appears very big, unbearable. So looking at the same problem from a distance and in a wider perspective, then, there may be some positive things emerging from that problem. Everything is interconnected, interrelated. So looked at from one angle, it appears unbearable, but in three dimensions, then it is okay. And then one important practice is, when we face a problem, to analyze that problem. If there is a possibility of overcoming that problem, then there is no need to worry. Make the effort.

If there is no possibility to overcome it, no way to overcome it through analysis, then too much worry is of no use. Now I am 84 years old and, sometimes you see, the knees are a problem. Fortunately no pain, but too much worry is of no use. Okay. Old age. The defects of old age. It's nature. No use to worry too much. I accept it. So like that.

As a young Japanese, sometimes you see young people have too much impatience, so you should learn patience from elder people. Thank you.

〔a 2nd-year male student at Reitaku High School〕

Q : What idea do you think has been most important in your life? Do you have anything that you would like to pass on to the young generation?

A : A healthy body, a healthy mind, that is important. As I mentioned earlier, I think the materialistic life and materialistic culture, you see, lack inner peace. So now people, younger people, should pay more attention to our inner world, and find out how to develop inner peace.

〔a 3rd-year female student at Reitaku Junior High School〕

Q : There is a lot of discrimination in the world. What do you think we young people can do to remove discrimination from the world?

A : It is true. Of course, to love one's own nation is right, but we should be more balanced. After all, every nation belongs to the 7 billion human beings. The number one important thing is the sameness or oneness of the 7 billion human beings. How old are you?

……15 years old.

〔a 1st-year female student at Reitaku High School〕

Q : Did you find any change after winning the Nobel Prize?

A : Nothing. The very day they announced I would receive the Nobel Peace Prize, so many media people came and asked me about my feelings. I told them, "I am just a Buddhist monk. No more, no less. Nothing." But the Nobel Peace Prize, I consider, recognized my sort

of small contribution regarding peace of mind and peace. So, like that.

So, it was quite surprising, quite strange. Then when I returned, reached Delhi, some of the Indian media met me: their first question was, "How will you use your money?" I already made it clear. Half of the money, there is one organization in India made by Baba Amte, you see, I know him. I also visited his colony, where there are sick people, leprosy, leper people, and they make some special arrangements for study and work.

So, since the atmosphere is such a warm atmosphere, those leper patients, they cannot use their hands so easily, but they are full of enthusiasm to do something. So I was very much impressed by that, so half of the money, half I donated there; with the other half I set up a small foundation in Delhi.

〔a 3rd-year female student at Reitaku Junior High School〕

Q : What is the most valuable thing for you?

A : When I am hungry, food is most important. Then sleep. Usually, you see, in the morning about 3:30, I always wake up and meditate. About four hours. Then, I go to sleep about six, so usually 9 hours, 10 hours sleep. Last night about 10-hours sleep.

〔a 1st-year male student at Reitaku High School〕

Q : I have got two questions to ask you. The first one is: What is the meaning of "to live" for human beings?

A : It is like millions of different, partly similar or different sentient beings, like animal, birds, insects, so they, through evolution, you see, they develop, each one from a Buddhist view point, each one has the sense of self.

And also, the experience of pain and pleasure. So, everyone wants to su,vive. So evolution, you see, occurs. If I explain your question further, then, from the Buddhist viewpoint, the Buddhist sort of thinking, evolution is just like the scientists say, or as some teach in religion, God creates. More complication there. Then a further question, why did God create this complicated human being?

Why?

So therefore, you see, as I usually say, the purpose of our life is joyfulness, happiness. And our future has no guarantees, it is just based on hope. Hope means something good. So our life depends on hope. So therefore, the very purpose of our life, I feel, is joyfulness.

Q : As you said earlier, I think everyone looks for happiness, but why do wars and discrimination occur?

A : Because we are disturbed. Such things happen because we do not understand reality correctly.

〔a 1st-year female student at Reitaku Junior High School〕

Q : In difficult and hard times, how can we accept such things coolly, with benevolence, like you?

A : I think it must depend on one's mental attitude, as I already mentioned. So, in my own life, at age 16, I lost my freedom. Then at 24, I lost my country and there was a lot of suffering inside Tibet. But I could maintain peace of mind. Firstly, I think I am a student of the Nalanda tradition. You see, about how to tackle our emotions, there are some sorts of Buddhist practices, altruism and an understanding of śūnyatā (emptiness or voidness). That really, even now some Chinese quantum physicists will say they realize, that too much grasping at events produces less. So this is exactly what Nagarjuna mentioned. So I practice that, and it is very, very helpful.

(His Holiness pulled the ears of the student who asked this question, when he shook hands with her.)

Obama, you know, the former American president, the former president Obama, we have since become very close friends, so his ear is like that. So one time I asked him, "Can I hold your ear?" And he said, "Yes." Then I held it, like that. So since, whenever we meet, I pull his ear like this (he laughs).

〔a 1st-year male student at Reitaku High School〕

Q : I checked up on you on the internet, and I wonder what you think of China now.

A : Tibet and China, for 1,000 years had very close relations, like in the

7th century with the Tang dynasty. The Tibetan Emperor married a Tang Princess, and relations were very close. Also, one of the main Buddha statues at came from Xi'an, brought by Wencheng, the princess of the Tang dynasty. So, it was a very good relationship. And we admire Chinese culture. I think everybody loves Chinese food. But also, sometimes, there was conflict.

I think in the 7th century, the 8th century, on a few occasions Tibet invaded China. The Tang dynasty's capital was Xi'an and the Tibetan army reached it, and then the emperor himself escaped from the capital. So, it is quite natural that very close neighbors sometimes fight, but in most cases they have very friendly relations. So today, the Chinese. When their communist government had just started and Chairman Mao Zedong was there, he was thinking to liberate, first Taiwan, then Tibet. But Stalin suggested Taiwan would not be easy, so first go to Tibet. He advised him in this way. I heard it was like that.

And anyway, some of the Chinese hardliners have narrow-minded thinking, that's very foolish. We criticize that, but after all we are not seeking independence. We are fully committed to remain within the People's Republic of China. It is of mutual benefit. Economically, we get more benefit. Spiritually, we can share things with millions of Chinese Buddhists.

〔a 1st-year male student at Reitaku University〕

Q : I have got two questions to ask you. Firstly, what do you think of the practice of meditation?

A : There are two types of meditation. One is single-point meditation, that we call Shamatha. The other is analytical meditation, that we call Vipassana. For me, analytical meditation is much more effective. So, for four hours, in mainly analytical meditation, I analyze about suffering, violence. What is the cause at the emotional level, what is the cause of these negative human activities?

Then, within the emotions, there are contradictory feelings. For example, anger, love, this is a contradiction. So when love and kindness increase, anger is reduced. Then most importantly, things

such as anger, destructive emotions, are very much based on ignorance, short-sighted and narrow-minded, while compassion is based on reason. So in the long run, the positive emotions, such as compassion, are much more powerful. So, there is daily meditation. Familiarize yourself with these things. Then, anger is reduced. Anxiety is reduced. Peace of mind is increased in this way.

In Japan you see, many Buddhists, I think, practice some kind of single-point meditation rather than analytical meditation. Even in the 9th century in Tibet, there was serious sort of debate with some Chinese scholars, Chinese meditators and Kamalasila. So, single-point meditation is not necessary to study. But the study of analytical meditation is very important.

So, in Tibet, since that serious debate between Chinese meditators and Kamalasila, the disciple of Shantaraksita, since then, we have kept the combination of single-point meditation and, at the same time, analytical meditation. For that reason, we study very seriously, for 20-30 years.

Q : My second question. When did you become aware that benevolence and love are important, that we should not hate but forgive others?

A : It is when I was 16 years old. You see, sometimes a difficult life is very helpful. In a very easy life without problems, you see, there is less opportunity for thinking. An easy life goes like that; a more difficult life is sometimes very helpful. There are two possibilities, either to become demoralized, or to be more determined and analyze things by thinking.

(This text is edited by President Osamu Nakayama,
and Dr. Peter Luff of Reitaku University.)